마인크래프트 에듀케이션에서 만들어 보는
40가지 학습 프로젝트!

마인크래프트 에듀케이션 프로젝트

저자 스티브코딩

YoungJin.com Y.
영진닷컴

마인크래프트
에듀케이션 프로젝트 40

Copyright © 2024 by Youngjin.com Inc.

#401, STX-V Tower, 128, Gasan digital 1-ro, Geumcheon-gu, Seoul, Republic of Korea
All rights reserved. No part of this book may be reproduced or transmitted in any form or by any means, electronic or mechanical, including photocopying, recording or by any information storage retrieval system, without permission from Youngjin.com Inc.

저작권법에 의하여 한국 내에서 보호를 받는 저작물이므로 무단전재 및 복제를 금합니다.

ISBN : 978-89-314-7730-6

독자님의 의견을 받습니다.
이 책을 구입한 독자님은 영진닷컴의 가장 중요한 비평가이자 조언가입니다. 저희 책의 장점과 문제점이 무엇인지, 어떤 책이 출판되기를 바라는지, 책을 더욱 알차게 꾸밀 수 있는 아이디어가 있으면 팩스나 이메일, 또는 우편으로 연락주시기 바랍니다. 의견을 주실 때에는 책 제목 및 독자님의 성함과 연락처(전화번호나 이메일)를 꼭 남겨 주시기 바랍니다. 독자님의 의견에 대해 바로 답변을 드리고, 또 독자님의 의견을 다음 책에 충분히 반영하도록 늘 노력하겠습니다.

이메일 : support@youngjin.com
주　소 : (우)08507 서울특별시 금천구 가산디지털1로 128 STX-V타워 4층 401호 (주)영진닷컴 기획1팀
등　록 : 2007. 4. 27. 제16-4189호

파본이나 잘못된 도서는 구입하신 곳에서 교환해 드립니다.

STAFF
저자 스티브코딩 | **총괄** 김태경 | **진행** 현진영 | **디자인·편집** 김소연 | **영업** 박준용, 임용수, 김도현, 이윤철
마케팅 이승희, 김근주, 조민영, 김민지, 김진희, 이현아 | **제작** 황장협 | **인쇄** 제이엠

머리말

'마인크래프트 에듀케이션'은 조금 어색하게 들립니다. 전혀 어울리지 않는 말, '게임'과 '교육'을 함께 쓰고 있기 때문이죠. 게임과 교육은 서로 반대말처럼 사용하곤 합니다. 게임을 하면 공부에 방해가 되고, 공부를 열심히 하는 학생은 게임을 하지 않을 것 같습니다. 하지만 게임은 아주 오래전부터 교육에 활용되었어요. 게이미피케이션과 게임기반 학습은 게임을 교육에 활용하는 대표적인 방법이에요.

마인크래프트 에듀케이션은 마인크래프트를 수업에 활용하기 위해 출시된 교육용 게임이에요. 세계적인 인기를 끌고 있는 마인크래프트로 공부를 할 수 있다니, 생각만 해도 놀랍습니다. 마인크래프트 에듀케이션은 2016년 출시한 이후로 전 세계 많은 교육자들이 교실 수업에서 활용하고 있고 다양한 교육 자료들도 함께 공유되고 있어요.

마인크래프트는 하나의 게임이라기보다 플레이어의 상상을 실현시켜 주는 세계라고 보는 것이 더 적절해요. 마인크래프트에서는 꼭 해야 하는 것도 하지 말아야 할 것도 없어요. 자신이 무엇을 할지 스스로 목표를 정하고 만들어 가는 것이에요. 마인크래프트 코딩도 여러분들만의 마인크래프트 월드를 구현하는 하나의 도구이지요.

이 책에는 마인크래프트 월드에서 구현할 수 있는 창의적인 프로젝트들이 준비되어 있어요. 마인크래프트 코딩뿐만 아니라 명령어, 커맨드블록, NPC 등 다양한 도구를 활용해요. 프로젝트를 하나씩 따라하다 보면 자신의 상상을 실현시켜 줄 마인크래프트 월드를 만들어 낼 수 있을 거예요. 이 책이 마인크래프트 월드를 만들어가는 여러분들의 훌륭한 가이드가 되길 바랍니다.

저자 스티브코딩 이상민

프로필

충청북도 교육청 소속 초등학교 교사로, 한국교원대학교 초등컴퓨터교육과 석사과정을 졸업했습니다. 게임을 활용한 교육, 게이미피케이션, 게임기반학습에 대해 오래전부터 관심을 가지고 2016년 마인크래프트 에듀케이터 〈스티브코딩〉을 시작으로 다양한 마인크래프트 활용 교육 연구를 해오고 있습니다. 또한 유튜브 채널 〈스티브코딩〉의 크리에이터로서 마인크래프트 교육 관련 다양한 영상 콘텐츠를 제작하고 공유하며 소통하고 있습니다. 마인크래프트를 활용한 수업을 실제 현장에서 적용하고 관련 강의, 교육, 저술 활동을 지속해 왔습니다.

이 책의 구성

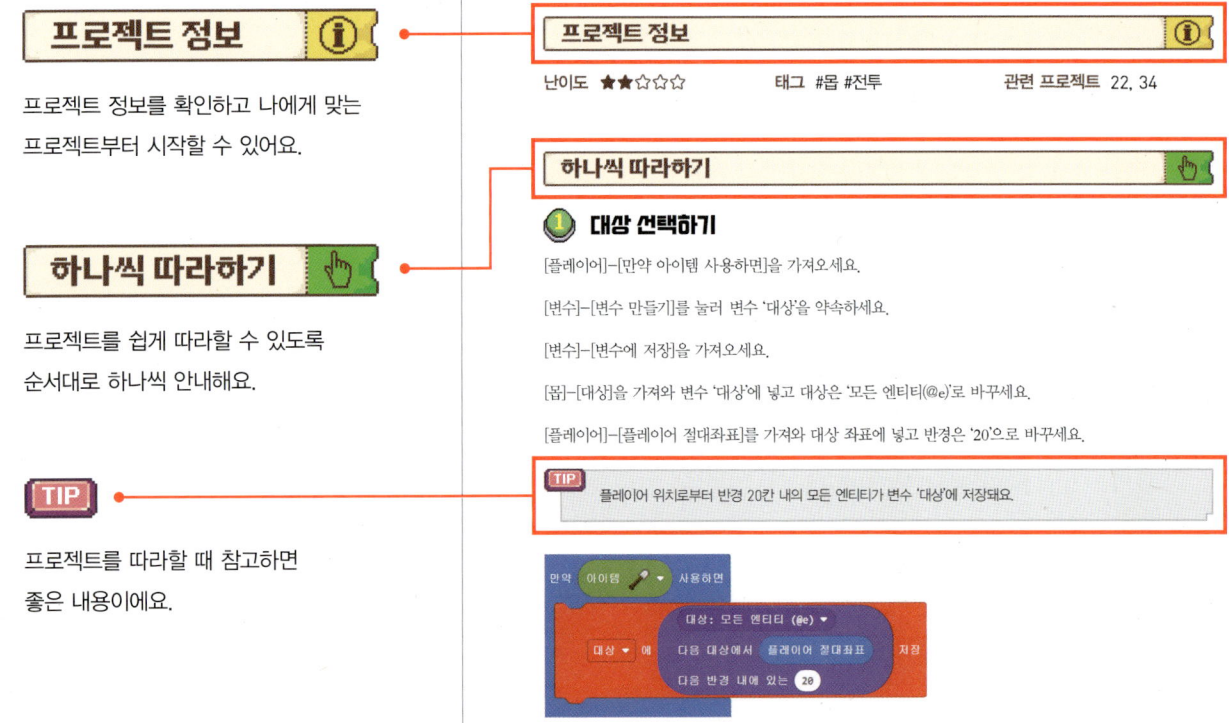

프로젝트 정보

프로젝트 정보를 확인하고 나에게 맞는
프로젝트부터 시작할 수 있어요.

하나씩 따라하기

프로젝트를 쉽게 따라할 수 있도록
순서대로 하나씩 안내해요.

TIP

프로젝트를 따라할 때 참고하면
좋은 내용이에요.

알아두기   지각이 서서히 상승하는 현상, 융기

지구 내부의 자연적인 힘에 의해 올라가는 것을 융기, 내려가는 것을 침강이라고 해요. 우리가 코딩한 결과물과는 달리 실제 융기는 매우 넓은 지역에서 느껴지지도 않을 만큼 천천히 일어나요.

완성 코드 보기

알아두기

프로젝트를 이해하기 위해 필요한 명령어, 코드, 개념에 대한 설명이에요.

완성 코드 보기

완성된 프로젝트의 전체 코드를 한눈에 확인할 수 있어요.

기본	01	마인크래프트 에듀케이션 준비하기	008
기본	02	플레이 방법 익히기	013
기본	03	코드 작성기 사용하기	018
	04	마인크래프트 월드의 안내자 NPC	021
	05	퀴즈를 내고 보상을 주는 NPC	025
	06	비행 궤적 그리기	028
	07	지구의 기준선, 적도와 본초자오선	031
	08	무작위 동물 소환하기	036
	09	이야기를 전달하는 스토리텔러	040
	10	오르락 내리락 이동하는 에이전트	044
	11	길을 따라가는 자율 주행 에이전트	048
	12	몹에게 순식간에 이동하는 점멸	052
	13	주민을 지켜라! 습격 디펜스 게임	055
	14	사각형의 둘레와 넓이 계산	060
	15	보상을 주고 사라지는 떠돌이 NPC	064
	16	사냥 점수표 만들기	067
	17	방위를 알려주는 나침반	071
	18	차오르는 물, 홍수 대피하기	075
	19	용암이 식어 만들어진 화성암 타워	080
	20	롤러코스터 시뮬레이터	085

21	채굴한 광물을 가져다주는 에이전트	090
22	순식간에 내리치는 벼락 기둥	094
23	하늘에서 내리는 모래 계단 파쿠르	097
24	땅이 흔들리고 갈라지는 지진	101
25	외길을 달려라! 달팽이 놀이	105
26	눈보라를 내 마음대로	110
27	부르면 나타나는 램프의 지니	115
28	과녁을 향해 활쏘기	119
29	블록으로 약수 표현하기	124
30	조금씩 떠오르는 땅	129
31	높이를 알려주는 등고선	133
32	시각장애인의 스마트 흰지팡이	139
33	지하를 탐사하고 보고하는 에이전트	144
34	가축 마릿수를 알려주는 스마트 목장	148
35	지그재그 계단 스피드런	153
36	위험을 미리 알려주는 몬스터 탐지기	159
37	점과 점을 이어 도형 만들기	163
38	건축물 쉽고 빠르게 복사하기	168
39	동굴을 찾고 길을 만드는 에이전트	173
40	몹을 가두고 다시 소환하는 몬스터볼	179

기본
01 : 마인크래프트 에듀케이션 준비하기

 마인크래프트 에듀케이션 알아보기

마인크래프트 에듀케이션은 마인크래프트를 교육적으로 활용하고자 2016년에 출시한 교육용 에디션이에요. 기존의 게임용 에디션과는 달리 교육용 아이템, 코딩 학습 도구, 수업 보조 도구를 제공하고 있어 전 세계 많은 교육자들이 수업에 활용하고 있어요.

마인크래프트 에듀케이션은 수업에 사용할 수 있는 다양한 교육 자료를 제공하고 있으며 과학, 수학, 컴퓨터 과학, 역사 등 다양한 범주에서 300개가 넘는 자료를 계속해서 업데이트하고 있어요. 마인크래프트 특유의 게임성과 재미를 놓치지 않으면서 유익한 학습 내용으로 잘 구성되어 있답니다.

마인크래프트 에듀케이션의 가장 큰 특징은 코딩 학습을 할 수 있는 코드 작성기를 제공하고 있다는 것이에요. 따로 코드 작성기를 설치하는 것이 아니라 마인크래프트 내에서 작동하며, 작성한 코드는 마인크래프트 게임에서 실행돼요. 코드 작성기는 블록코딩을 할 수 있는 메이크코드를 주로 사용하고 자바스크립트, 파이썬과 같은 텍스트 형태의 프로그래밍 언어도 사용할 수 있어요.

 마인크래프트 에듀케이션 설치하기

웹브라우저를 실행하고 마인크래프트 에듀케이션 공식홈페이지(education.minecraft.net/)에 접속한 뒤 오른쪽 위의 [다운로드]를 누르세요.

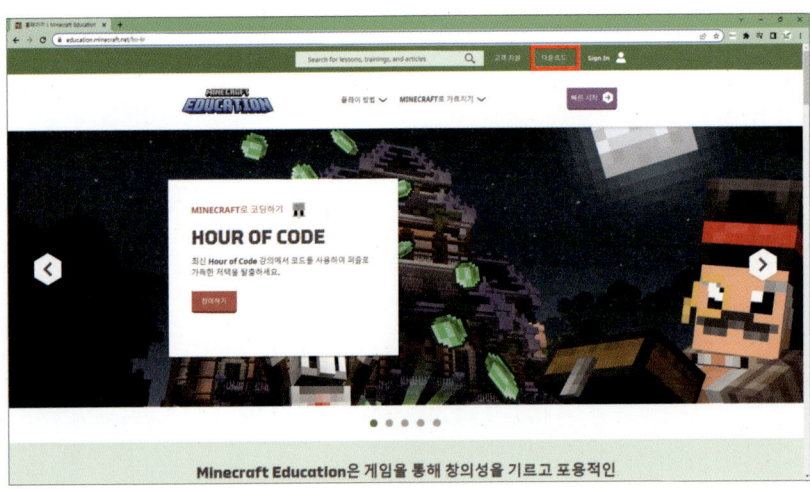

자신이 사용하는 기기에 맞는 버튼을 눌러 설치를 시작하세요. 마인크래프트 에듀케이션은 윈도우, 맥, 크롬북, 모바일 등 거의 모든 기기에서 실행할 수 있어요.

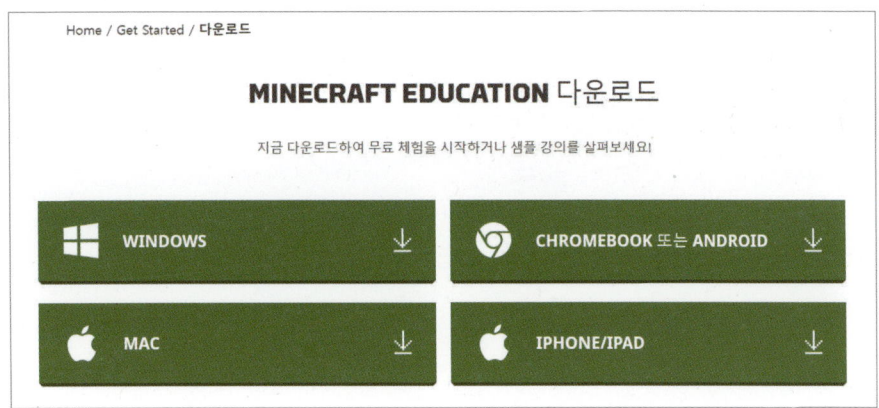

윈도우 사용자들은 Windows 설치 프로그램을 다운받아 설치할 수도 있어요.

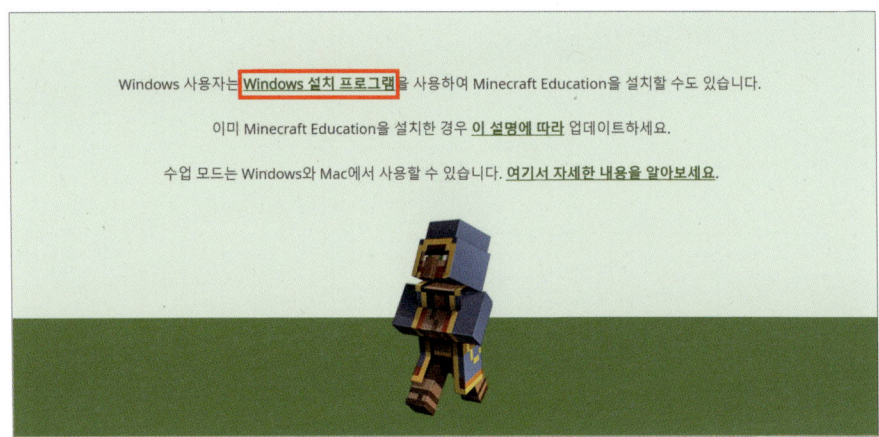

안드로이드, 아이폰, 아이패드와 같은 모바일 기기를 사용하는 경우 앱스토어, 플레이스토어에서 설치할 수 있어요.

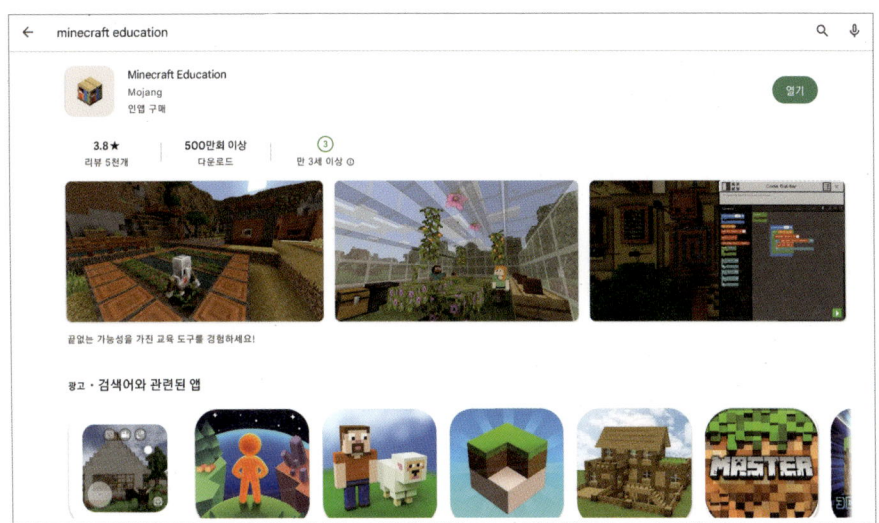

마인크래프트 에듀케이션 계정 준비하기

마인크래프트 에듀케이션을 플레이하기 위해서는 계정이 필요해요. 공식홈페이지에서 [플레이 방법]-[구매 방법]을 누르세요.

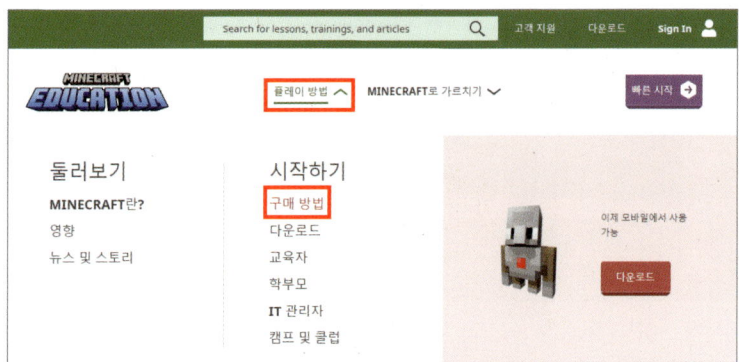

개인 사용자의 경우 캠프, 클럽 및 기관에 해당되므로 [캠프, 클럽 및 기관] 아래에 [지금 구매하세요]를 누르세요.

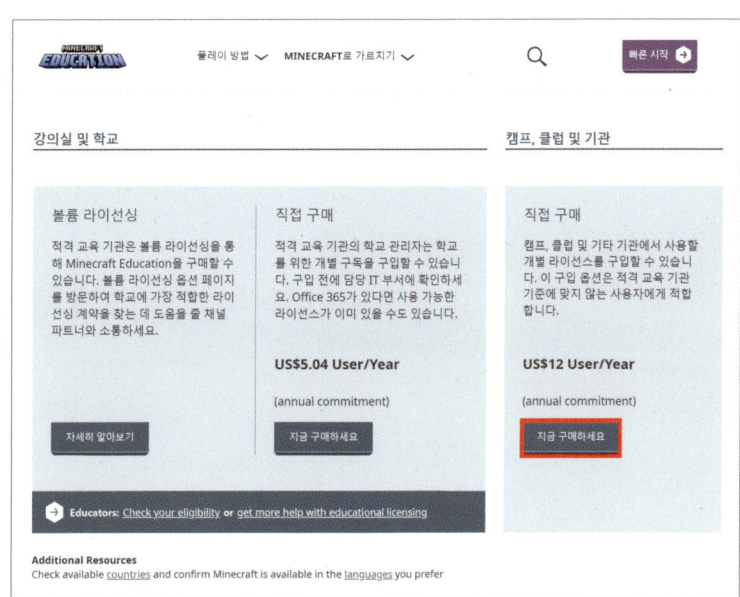

다음 게시글이 연결되고 라이선스 구매에 관한 내용을 자세히 설명해 줘요. [여기에서 Minecraft 상용 라이선스를 구매하세요.]를 눌러 구매를 진행해요.

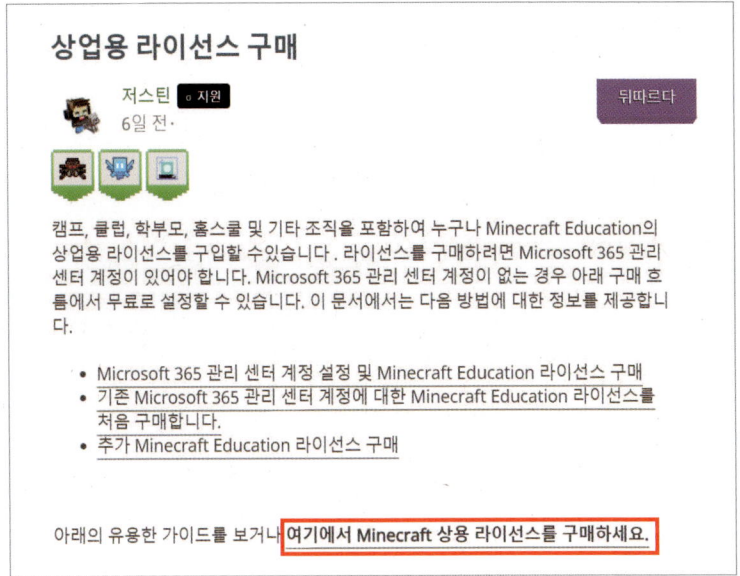

이메일을 입력하고 가입절차를 마치면 계정을 구입할 수 있어요. 적절한 이메일이 아닌 경우 새로운 이메일을 생성하게 돼요.

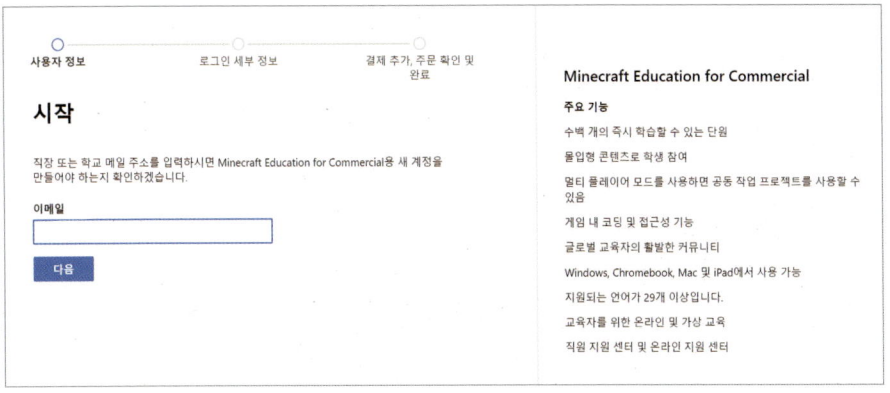

알아두기 | 교육 기관을 통해 구입하기

만약 인증된 교육 기관에서 수업을 목적으로 구입하는 경우 각 시도의 마이크로소프트 총판업체를 확인한 뒤 문의해 보세요. 인증된 교육 기관이 맞는지 확인할 수 있고 구입하는 방법을 안내받을 수 있어요.

마인크래프트 에듀케이션 실행하기

설치된 마인크래프트 에듀케이션을 실행하고 구입한 계정과 비밀번호를 입력하세요.

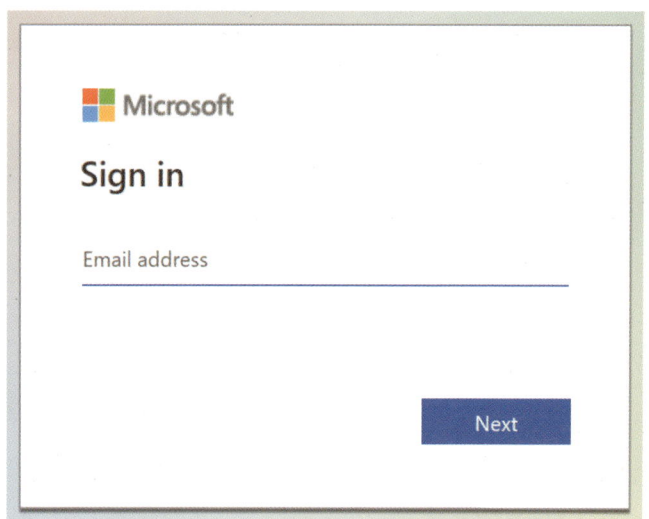

마인크래프트 에듀케이션의 처음 화면이 나와요.

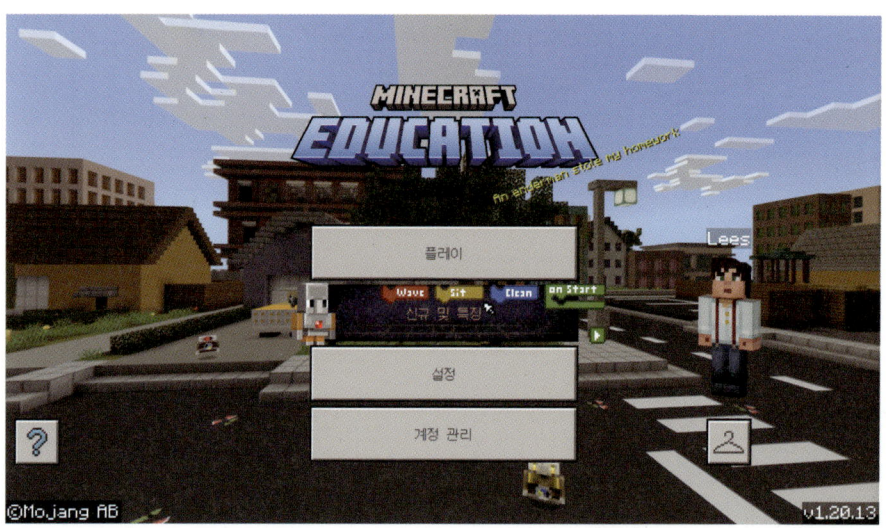

02 : 플레이 방법 익히기

월드 생성하기

[플레이]-[새로 만들기]를 눌러 월드 생성 화면으로 이동해요.

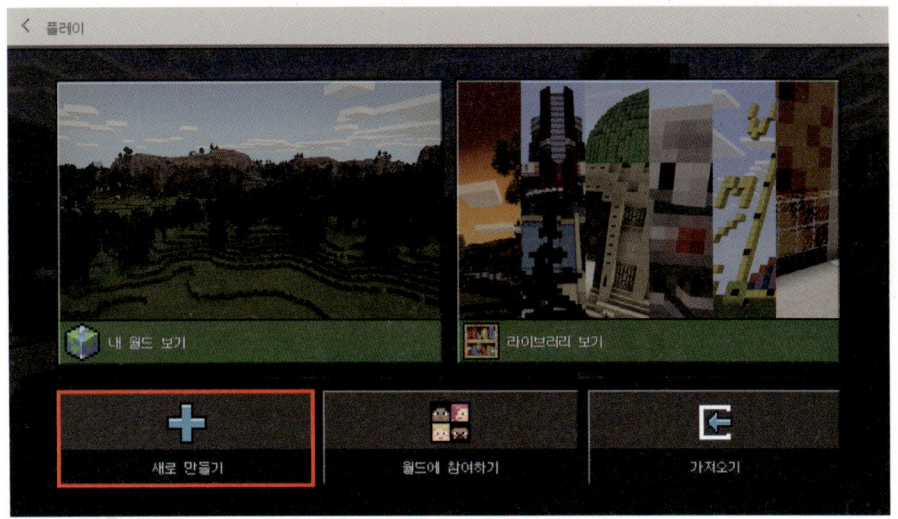

내가 원하는 월드를 생성하기 위한 게임 설정을 확인해 볼게요.

기본 게임 모드는 서바이벌, 크리에이티브, 두 가지가 있어요. 서바이벌 모드에서는 마인크래프트 월드에서 생존하며 게임을 즐기는 것이고 크리에이티브 모드에서는 플레이어가 자유롭게 하고 싶은 것을 할 수 있어요. 프로젝트 수행을 위해서는 크리에이티브 모드로 월드를 생성하는 것을 추천해요.

난이도는 평화로움-쉬움-보통-어려움, 네 단계가 있어요. 평화로움에서는 몬스터가 생성되지 않으니 쉬움으로 선택하세요.

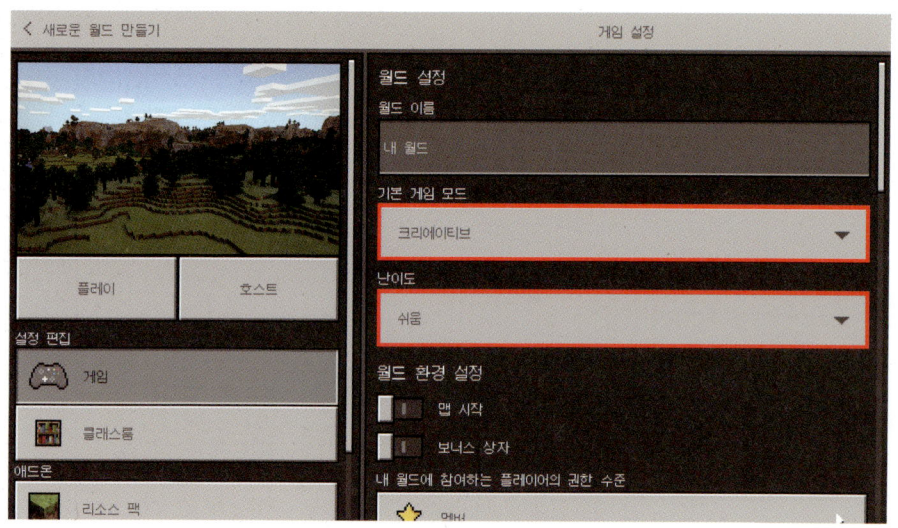

마인크래프트 월드는 크게 평면, 무한맵으로 나누어져요. 평면은 아무런 지형이 없는 평평한 월드이고 무한맵은 무작위 지형이 생성돼요. 내가 하고 싶은 활동에 맞게 만들면 돼요.

시뮬레이션 거리는 명령이 전달되는 거리예요. 최댓값으로 선택하세요.

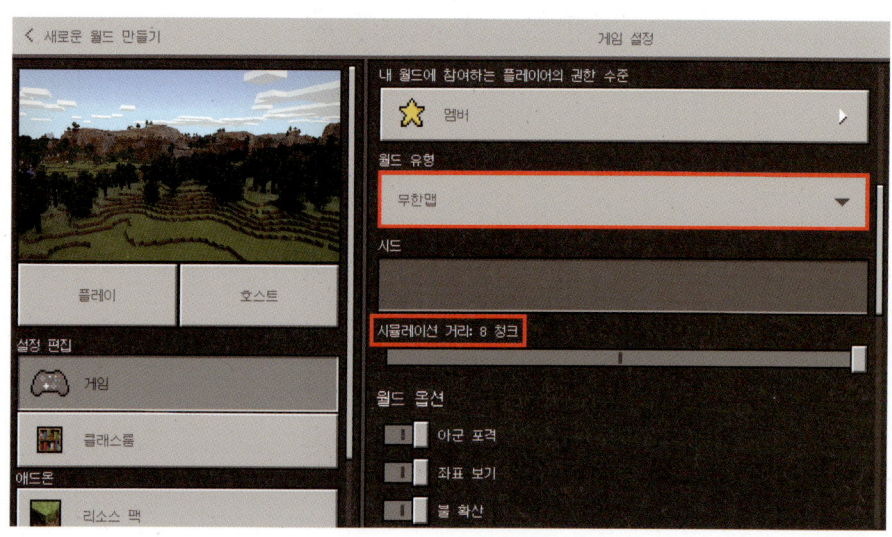

[클래스룸]을 눌러 클래스룸 설정을 확인해 볼게요.

[명령 허용]과 [Code Builder]는 코드 작성기 실행을 위해 반드시 켜져 있어야 해요.

[항상 낮], [완벽한 날씨]는 플레이에 방해되는 요소를 없애 주기 때문에 켜는 것을 추천해요.

설정을 마쳤다면 [플레이]를 눌러 월드를 생성하세요.

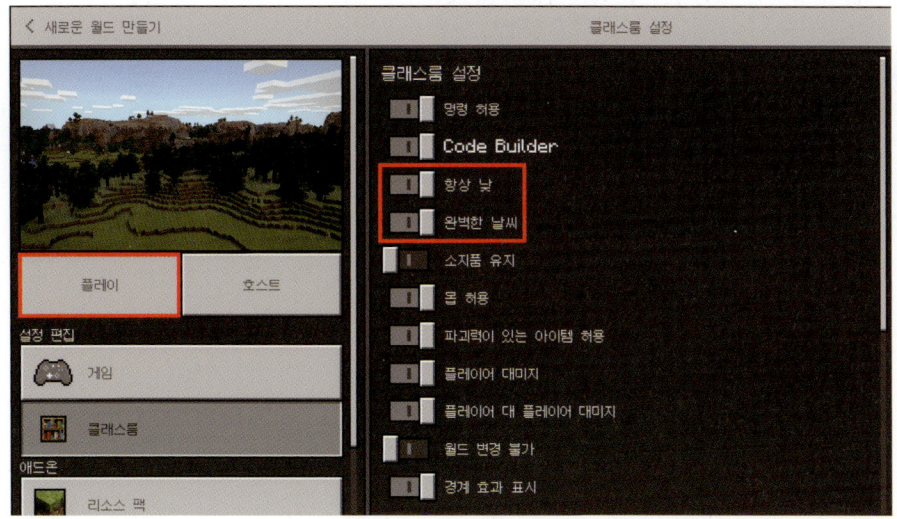

2 조작 연습하기

[H]를 누르면 조작키를 확인할 수 있어요. 마우스 왼쪽 클릭으로 블록을 파괴하거나 공격하고 오른쪽 클릭으로는 블록을 놓거나 상호작용할 수 있어요. 크리에이티브 모드에서는 스페이스바를 두 번 누르면 비행을 시작해요.

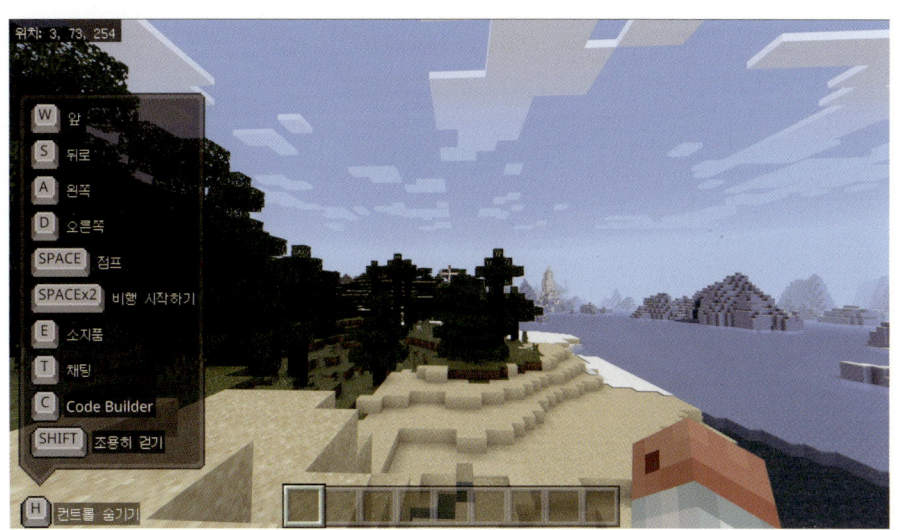

[E]를 누르면 소지품이 나와요. 필요한 아이템을 찾아 아래 핫바로 가져오면 플레이어가 사용할 수 있어요. [Esc]를 누르거나 우측 상단의 [x]키를 누르면 원래 화면으로 돌아와요. 핫바의 아이템을 선택하고 싶으면 마우스 휠을 돌려보세요.

Esc를 누르면 메뉴 화면이 나와요. [설정]에서 설정을 변경하거나 [저장하고 종료]를 눌러 현재 진행 중인 월드를 저장하고 나갈 수 있어요. Esc를 누르면 다시 게임 화면으로 돌아와요.

| 알아두기 | 조작법을 익힐 수 있는 튜토리얼 월드 |

처음 화면에서 [플레이]-[라이브러리 보기]-[플레이 방법]을 누르면 조작법을 익힐 수 있는 다양한 튜토리얼 월드가 준비되어 있어요. 키보드, 마우스 환경이 아닌 터치 조작을 하는 경우도 이 월드에서 연습할 수 있어요.

명령어 입력하기

명령어는 커맨드(Command)라고 부르기도 하며 마인크래프트 월드 내 다양한 기능을 구현할 수 있도록 도와줘요.

Enter↵ 또는 T를 누르면 채팅창이 열려요. 채팅창에 /gamemode s 라고 입력해 보세요. 채팅창 위에 명령어에 대한 사용 방법이 같이 표시돼요. '/'(슬래쉬)는 명령어를 쓰기 위해 반드시 붙여야 하는 특수 문자예요. 'gamemode'는 약속된 명령어이고 '< >'은 반드시 입력해야 하는 내용, '[ ]'은 선택적으로 입력하는 내용이에요.

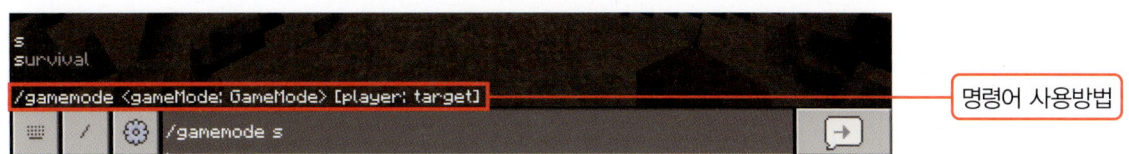

명령어 사용방법

Enter↵를 눌러 명령어를 실행시켜 보세요. 화면 왼쪽 상단의 메시지와 함께 모드가 서바이벌로 바뀌었어요.

| 알아두기 | 명령어, 다 외워야 할까요? |

마인크래프트의 명령어는 매우 많고 다양해서 모두 알고 있기는 어려워요. 따라서 필요할 때마다 검색해서 활용해도 충분해요. 다만 마인크래프트 에듀케이션과 베드락 에디션의 명령어는 같지만 자바에디션의 명령어는 다른 것이 있으니 주의하세요.

기본
03 : 코드 작성기 사용하기

코드 작성기 살펴보기

코드 작성기(Code Builder)는 마인크래프트 게임 내에서 작동하며 코드 작성기에서 작성한 코드가 마인크래프트 게임에서 실행돼요.

게임 화면에서 C를 누르면 코드 작성기가 열려요. 첫 번째 칸의 Microsoft Makecode를 선택하세요.

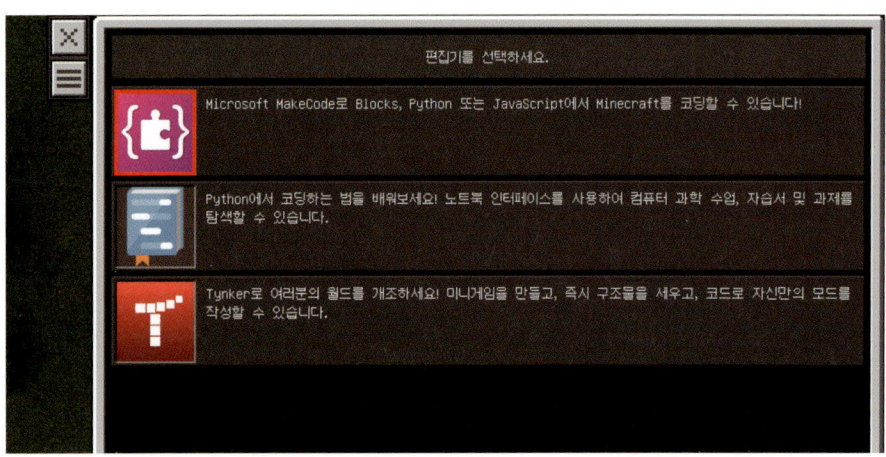

[새 프로젝트]-[생성]을 눌러 새로운 프로젝트를 생성하세요. 프로젝트 이름은 적지 않아도 괜찮아요.

 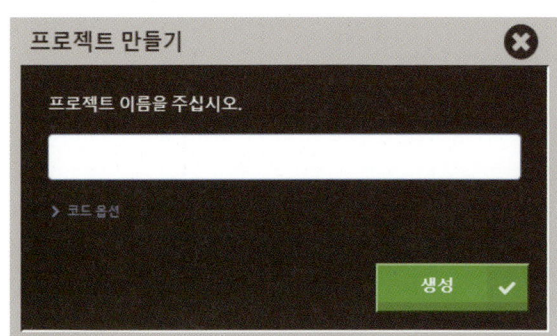

[시작하면], [다음 채팅명령어를 입력하면]을 명령블록이라고 하는데, 다양한 명령을 수행하는 명령블록들을 연결하며 코드를 작성해요.

코드 작성기 왼쪽의 카테고리에서 사용할 명령블록을 선택하여 가져올 수 있어요.

명령블록을 선택하면 노란색 테두리가 표시돼요. 선택한 상태에서 마우스 드래그로 움직일 수 있고 카테고리로 가져가면 명령블록이 지워져요.

명령블록을 선택하고 마우스 오른쪽 클릭을 한 뒤 '복사'를 누르면 똑같은 명령블록이 하나 더 나와요. 만약 터치 조작을 하고 있다면 복사하고 싶은 명령블록을 누르고 있으면 돼요.

- : 코드 작성기 화면 크기를 조절해요.
- : 실행 취소 또는 취소한 내용을 다시 실행해요.
- : 코드 작성기 처음 화면으로 돌아가요.
- : 게임 화면으로 돌아가 코드를 실행해요.

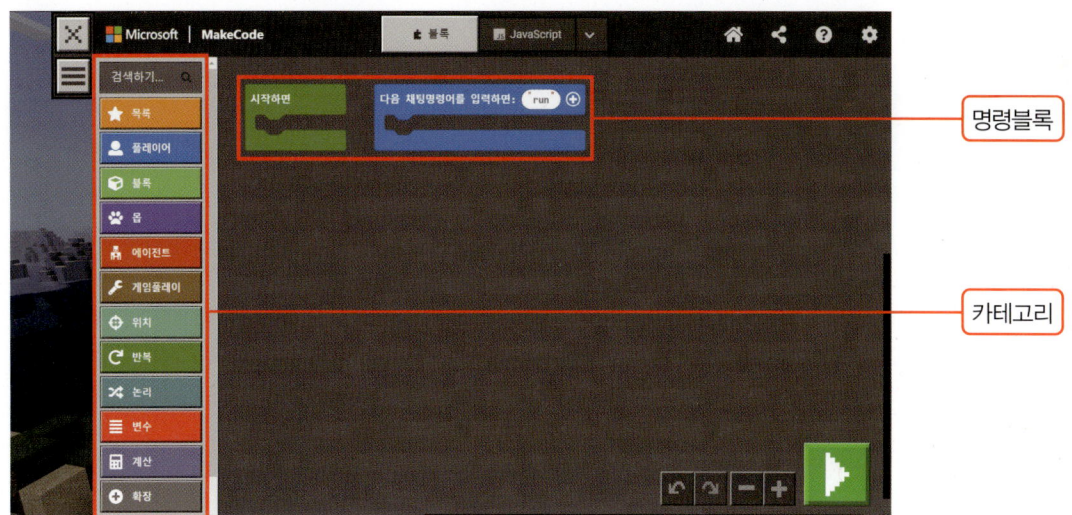

2 에이전트 텔레포트 코드 실행하기

[다음 채팅명령어를 입력하면] 명령블록의 'run'을 지우고 '실행'을 입력하세요.

[에이전트] 카테고리를 누른 뒤 [에이전트 텔레포트] 명령블록을 가져와 다음과 같이 넣으세요.

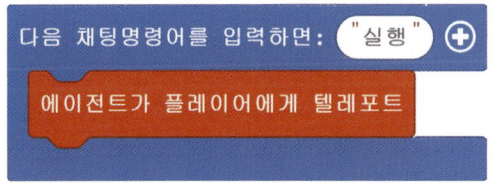

▶을 눌러 게임으로 돌아가세요.

플레이어 위치에 있는 에이전트를 확인하세요. 에이전트는 C를 눌러 코드 작성기를 실행하는 순간 플레이어 위치에 나타나요. 에이전트는 작성한 코드로만 움직이는 코딩 로봇이에요.

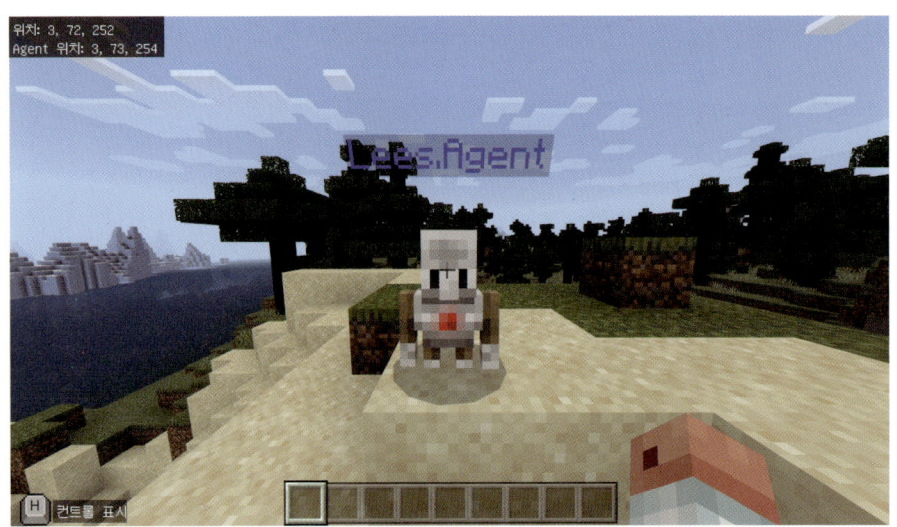

Enter 또는 T를 눌러 채팅창을 열고 코드 작성기에서 약속한 채팅명령어 '실행'을 적으세요. 다시 Enter를 눌러 채팅명령어를 실행하세요.

에이전트가 플레이어 위치로 이동한 것을 확인하세요.

알아두기 코드를 실행하고 끝내기

[시작하면] 명령블록은 코드 작성기에서 게임 화면으로 돌아가는 즉시 실행되지만 [다음 채팅명령어를 입력하면]은 채팅명령어를 입력해야만 실행돼요. 이것 말고도 마인크래프트에서 코드를 실행하는 조건은 매우 다양해요. 만약 실행 중인 코드를 중지하고 싶다면 C를 눌러 코드 작성기로 다시 돌아가면 돼요.

04 : 마인크래프트 월드의 안내짜 NPC

NPC는 플레이어가 아닌 캐릭터(Non Player Character)로 플레이어가 직접 조작할 수 없는 캐릭터라는 뜻이에요. 마인크래프트에서 NPC는 다양한 기능을 가지고 있어서 여러 가지 상호작용을 만들어 낼 수 있어요.

프로젝트 정보

난이도 ★☆☆☆☆　　　　태그 #NPC #월드설계　　　관련 프로젝트 5, 9

하나씩 따라하기

NPC 소환하기

명령어 **/wb**를 입력한 뒤 채팅창에서 월드빌더 상태가 true가 되었는지 확인하세요.

```
World Builder 상태 업데이트: true
```

명령어 **/summon npc 궁금이**를 입력해서 이름이 '궁금이'인 NPC를 소환해요. 이름은 자신이 원하는 이름으로 지어도 좋아요.

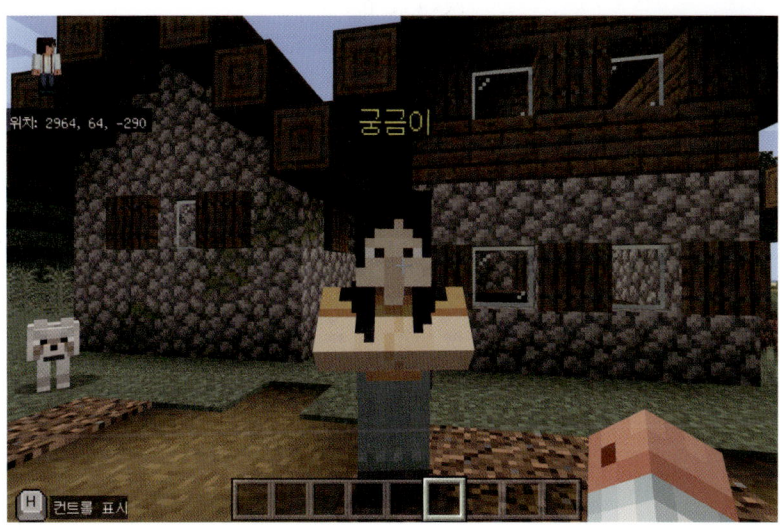

> **알아두기** 월드빌더 권한을 전환하는 명령어 /wb

```
/wb
```

이 명령어를 실행할 때 권한이 없다면 가지게 되고, 권한이 있는 상태라면 권한이 없어지게 돼요. 월드빌더 권한이 있으면 NPC를 설정할 수 있고, 없다면 NPC와 대화만 나눌 수 있어요.

> **알아두기** 엔티티를 소환하는 명령어 /summon

```
/summon <엔티티 타입>
```

마인크래프트에서 블록을 제외한 것은 엔티티(Entity)라고 생각하면 돼요. 명령어 summon으로 몹, 아이템, 마법과 같은 엔티티를 소환할 수 있어요. 소환될 위치나 엔티티의 이름을 정해줄 수도 있어요.

❷ NPC 설정하기

NPC를 마우스 오른쪽 클릭해서 설정창을 열어요.

NPC의 이름이나 외형을 바꿔보세요.

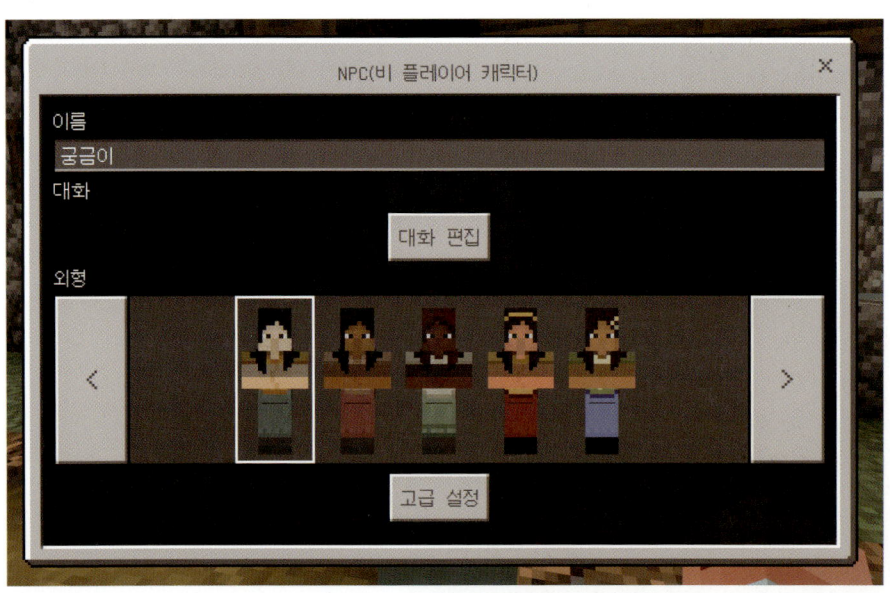

을 누르고 NPC가 말하는 대사를 입력하세요.

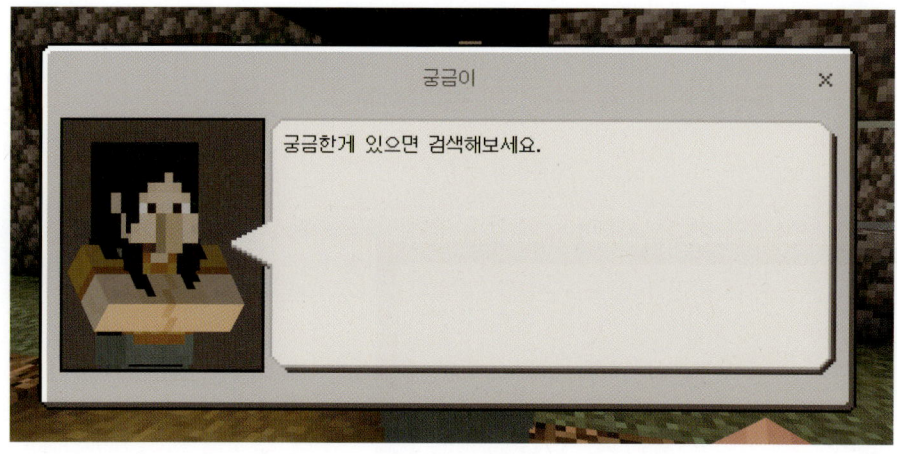

대화창 오른쪽 위에 있는 [x]를 누른 뒤 고급 설정 - URL 추가 를 누르세요.

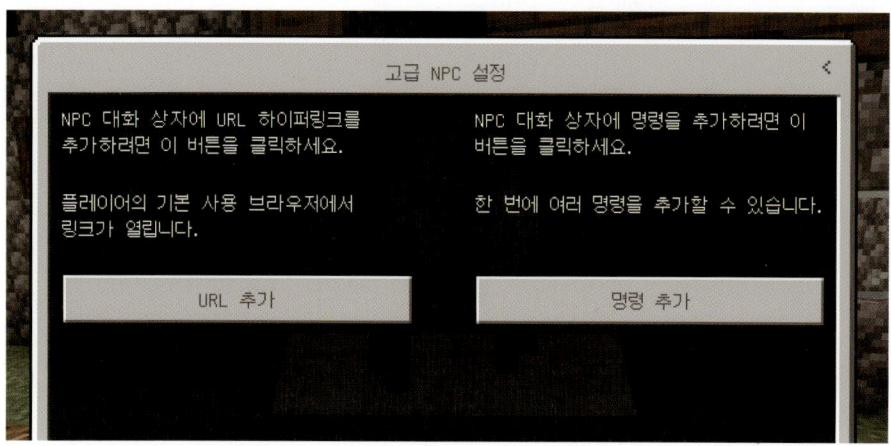

버튼 이름은 '네이버 검색', URL 입력칸에 다음과 같이 입력하세요.

TIP URL 입력칸에는 연결하고 싶은 주소를 복사해서 붙여 넣어도 좋아요.

 NPC와 대화하기

설정창을 Esc를 눌러 닫은 뒤 명령어 **/wb**를 입력해서 월드 빌더 권한을 없애요.

NPC에 마우스 오른쪽 클릭해서 대화창을 열고 버튼을 눌러보세요.

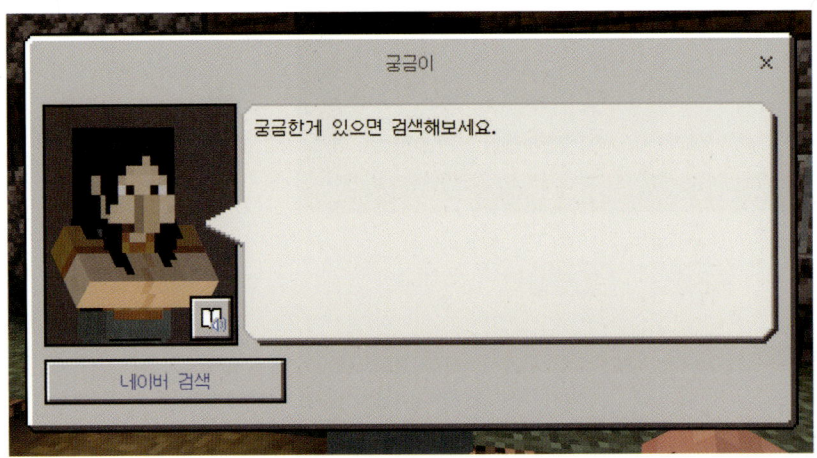

알아두기 | NPC 대화로 URL 연결하기

NPC 대화에서 웹브라우저로 열 수 있는 URL은 파란색 버튼으로 나타나요. 플레이어에게 추가적인 정보를 주고 싶을 때 사용하면 좋아요.

05 : 퀴즈를 내고 보상을 주는 NPC

NPC는 단순히 대화를 통해 정보를 전달하는 것뿐만 아니라 버튼으로 플레이어와 상호 작용을 만들어 낼 수 있어요. 버튼을 누르면 명령어가 실행이 되도록 하여 퀴즈 맞히기 게임을 만들어 볼게요.

프로젝트 정보

난이도 ★☆☆☆☆　　　태그 #NPC #게임제작　　　관련 프로젝트 4, 15

하나씩 따라하기

문제 만들기

명령어 **/wb**를 입력해서 월드빌더 권한을 얻으세요.

명령어 **/summon npc 퀴즈**를 입력해서 이름이 '퀴즈'인 NPC를 소환해요.

NPC에 마우스 오른쪽 클릭한 뒤 대화 편집 을 눌러 다음과 같이 문제를 적어보세요.

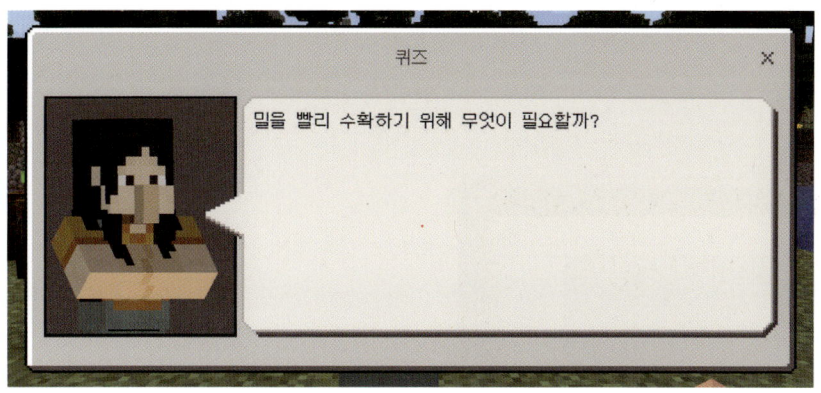

2 대답 만들기

NPC 설정창으로 돌아가 고급 설정 – 명령 추가 를 누르세요.

 를 눌러 켠 뒤 버튼 이름과 명령어를 다음과 같이 입력하세요.

알아두기   채팅창에 말하는 명령어 /say

/say 〈내용〉

채팅창에 입력하는 것처럼 내용을 보여주는 명령어예요. say 뒤에 쓰는 모든 내용은 채팅창에 나오게 돼요.

명령 추가 를 눌러 명령어를 추가하고 같은 방법으로 다음과 같이 입력하세요.

TIP 명령창에 여러 개의 명령어를 써도 모두 실행이 돼요. 단 명령어를 추가할 때는 Enter↵ 를 입력해서 줄 바꿈을 한 뒤 새로운 명령어를 써야 해요.

| 알아두기 | 아이템을 주는 명령어 /give |

> /give <@대상> <줄 것> [개수]

특정 대상에게 아이템을 주는 명령이에요. @initiator는 NPC와 상호작용하고 있는 플레이어를 대상으로 지정해요. 개수에 아무것도 입력하지 않으면 1개를 줘요.

3 퀴즈 풀어보기

Esc를 눌러 설정창을 닫은 뒤 명령어 **/wb**를 입력해서 월드 빌더 권한을 없애요.

NPC에 마우스 오른쪽 클릭해서 대화창을 연 뒤 각 버튼을 눌러 명령이 실행되는지 확인해 보세요.

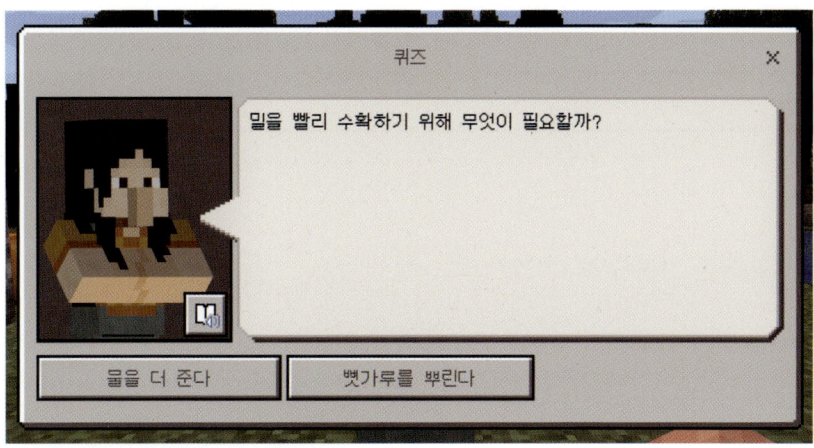

[퀴즈] 틀렸습니다.
[퀴즈] 정답입니다.
사과 * 1이(가) 적용되었습니다

06 : 비행 궤적 그리기

마인크래프트 세계에서 가장 빠른 이동 수단은 딱지날개예요. 딱지날개로 비행하면 빠르게 이동할 수 있지만 높은 하늘에서 길을 잃어버리기도 해요. 내가 이동한 길을 알 수 있도록 비행 궤적을 그려보도록 할게요.

프로젝트 정보

난이도 ★☆☆☆☆ 태그 #블록 #건축 관련 프로젝트 17

하나씩 따라하기

궤적 그리기

[플레이어]-[플레이어가 걷고 있으면 실행]을 가져온 뒤 [떨어지고]로 바꾸세요.

[블록]-[블록 놓기]를 가져온 뒤 블록은 '황금블록', y좌푯값은 2로 바꾸세요.

> **TIP**
> 딱지날개로 비행하는 것은 플레이어가 떨어지고 있는 것으로 봐요. 따라서 플레이어가 비행할 때 황금블록이 플레이어 2칸 위에 생겨요.

알아두기 플레이어 기준으로 표시하는 상대좌표

상대좌표는 (~x, ~y, ~z)로 나타내요. 예를 들면 (~0 ~0 ~0)는 플레이어의 위치를 의미해요. y좌푯값은 위, 아래를 뜻하는 것으로 위의 코드에서 황금블록을 놓는 위치는 플레이어 위로 2칸이 돼요.

 ## 비행 준비하기

[플레이어]-[다음 채팅명령어를 입력하면]을 가져와 '실행'으로 약속하세요.

[몹]-[블록이나 아이템 주기]를 가져와 대상은 '자기 자신'으로 바꾸세요.

[블록]-[아이템]을 가져와 넣고 '딱지날개'로 바꾸세요.

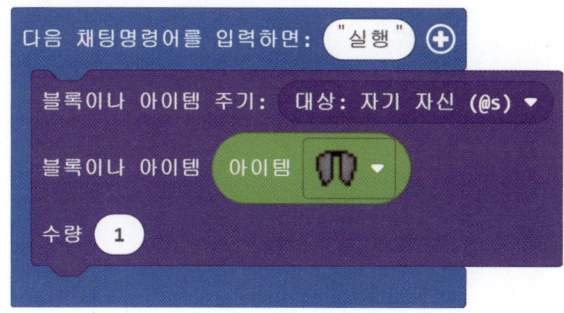

[반복]-[일시중지]를 가져와 넣고 '5000'으로 바꾸세요.

[플레이어]-[다음 좌표로 텔레포트]를 가져와 넣고 y좌표를 '50'으로 바꾸세요.

> **TIP** 딱지날개를 착용할 시간, 5초 뒤에 플레이어는 50칸 위로 이동해요.

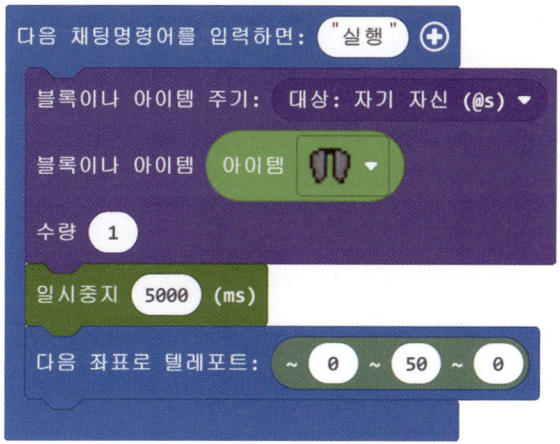

 **실행하기**

채팅명령어 '실행'을 입력하세요.

핫바에서 딱지날개를 선택하고 마우스 오른쪽 클릭해서 딱지날개를 착용하세요.

텔레포트가 되면 스페이스바를 한번 눌러 날개를 펴고 비행을 시작하세요.

완성 코드 보기

07 : 지구의 기준선, 적도와 본초자오선

지구를 북반구와 남반구로 나누는 가로선을 적도, 런던의 그리니치 천문대를 기준으로 지구를 동서 쪽으로 나누는 세로선을 본초자오선이라고 해요. 마인크래프트 월드에서 지구를 만들고 기준선을 표현해 보도록 해요.

프로젝트 정보

난이도 ★☆☆☆☆ 　　　 태그 #모양 #지리 　　　 관련 프로젝트 19

하나씩 따라하기

 만들 위치 정하기

[플레이어]-[다음 채팅명령어를 입력하면]을 가져와 '지구'로 약속하세요.

[변수]-[변수 만들기]를 눌러 변수 '중심'을 약속하세요.

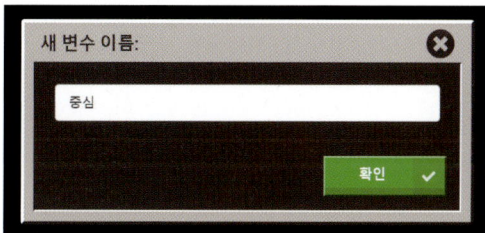

[변수]-[변수에 저장]을 가져오세요.

[위치]-[좌표 더하기]를 가져와 변수 '중심'에 넣으세요.

[플레이어]에서 [플레이어 절대좌표]를 가져와 첫 번째 좌푯값에 넣고 x좌푯값에 '30'을 입력하세요.

> **TIP** 지구가 만들어질 중심좌표를 플레이어 기준으로 30칸만큼 떨어진 곳으로 정하는 것이에요.

> **알아두기** 변하지 않는 위치, 절대좌표

절대좌표는 월드에서 플레이어의 위치를 알려줘요. 절대좌표를 확인하고 싶다면 게임 설정에서 좌표 보기를 켜주세요. 그러면 게임 화면 왼쪽 위에 좌표가 보여요.

2 지구 만들기

[고급]-[모양]-[공 모양 만들기]를 가져오세요.

블록은 '청록색 양털', 반지름은 '10'으로 바꾸고 중심값에는 [변수]-[중심]을 가져와 넣으세요.

> **TIP** 반지름 값을 너무 크게 하면 지구를 완성하는데 시간이 많이 걸릴 수 있어요.

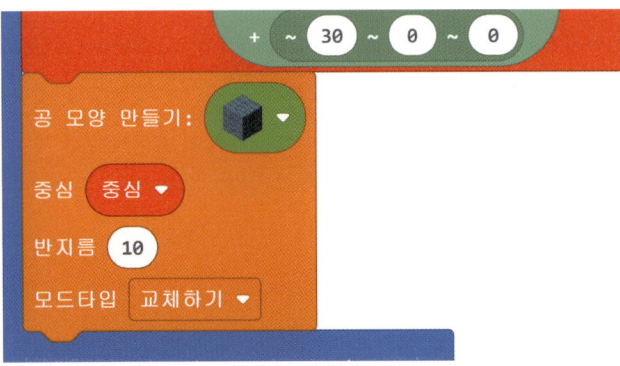

> **알아두기** 값을 저장하는 상자, 변수

변수는 값을 저장하는 상자라고 생각하면 쉬워요. 그래서 변수에 들어가는 값은 달라질 수 있어요. 변수를 만들 때는 어떤 값이 저장되는지 생각하고 이름을 정하면 좋아요.

 적도 그리기

[플레이어]-[다음 채팅명령어를 입력하면]을 가져와 '적도'로 약속하세요.

[고급]-[모양]-[원 모양 만들기]를 가져오세요.

블록은 '검은색 양털', 반지름은 '11', 방향은 'y좌표(위쪽, 아래쪽)'으로 바꾸고 중심값에는 [변수]-[중심]을 가져와 넣으세요.

> **TIP** 방향을 y좌표(위쪽, 아래쪽)으로 하면 누워있는 원이 만들어져요. 반지름은 지구의 반지름보다 크게 해서 잘 보이도록 했어요.

[게임플레이]-[메시지 보여주기]를 가져온 뒤 대상은 '자기 자신'으로 바꾸고 다음과 같이 내용을 입력하세요.

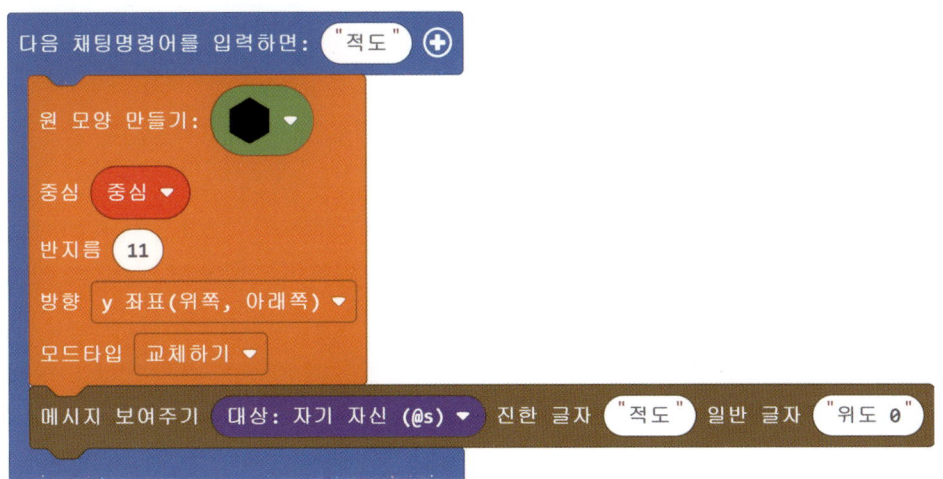

본초자오선 그리기

[플레이어]-[다음 채팅명령어를 입력하면]을 가져와 '본초자오선'으로 약속하세요.

[고급]-[모양]-[원 모양 만들기]를 가져오세요.

블록은 '검은색 양털', 반지름은 '11', 방향은 'x좌표(동쪽/서쪽)'으로 바꾸고 중심값에는 [변수]-[중심]을 가져와 넣으세요.

[게임플레이]-[메시지 보여주기]를 가져온 뒤 대상은 '자기 자신'으로 바꾸고 다음과 같이 내용을 입력하세요.

> **알아두기** 지구의 위치를 표시하는 위도와 경도
>
> 마인크래프트에서 위치를 표시하는 것처럼 지구에서 위치를 표시하기 위해 세로선과 가로선을 그려서 표시해요. 세로선을 경선이라고 하고 경도 0°가 본초자오선이에요. 가로선은 위선이라고 하고 위도 0°는 적도예요.

실행하기

만들어질 공간을 확인하고 채팅명령어 '지구'를 입력하세요.

지구가 다 완성된 것을 확인했으면 채팅명령어 '적도', '본초자오선'을 차례로 실행하세요.

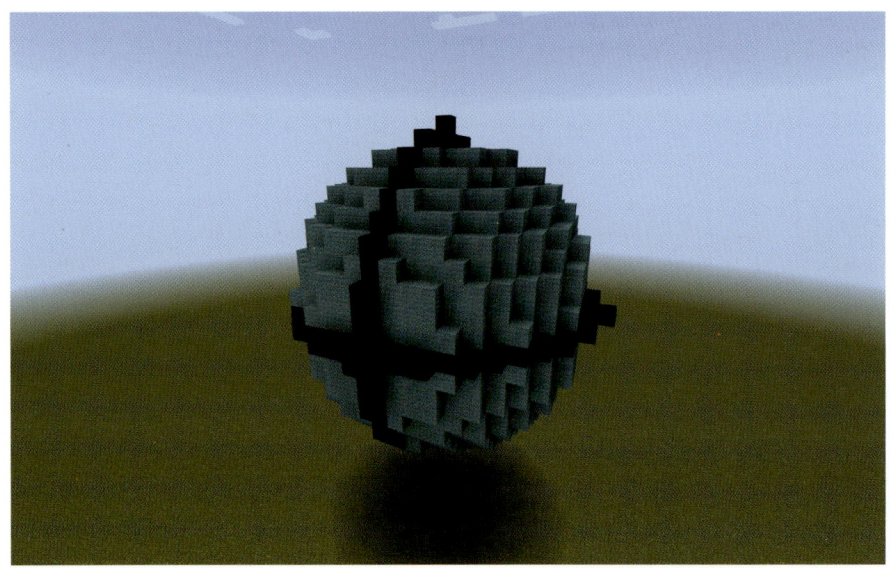

완성 코드 보기

08 : 무작위 동물 소환하기

여러 가지 동물을 소환하려면 많은 자료를 관리할 수 있는 배열을 활용해야 해요. 하나의 값만 저장할 수 있는 변수와 달리 배열에는 여러 자료를 저장할 수 있기 때문이죠. 배열을 활용해서 여러 가지 동물을 무작위로 소환해 볼게요.

프로젝트 정보

난이도 ★☆☆☆☆   태그 #배열 #생물   관련 프로젝트 40

하나씩 따라하기

1 배열 약속하기

[반복]-[시작하면]을 가져오세요.

[고급]-[배열]-[리스트에 저장]을 가져오세요.

[리스트에 저장]에 를 누른 뒤 이름을 '초식 동물'로 바꾸세요.

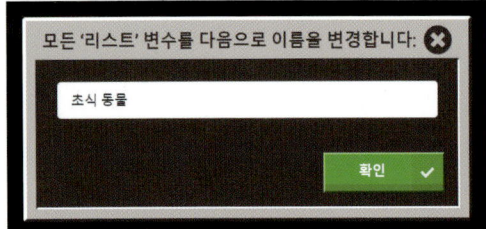

[몹]-[동물]을 가져와 배열값에 넣고 다양한 동물로 바꿔 보세요.

> **TIP** 를 눌러 배열의 크기를 늘리거나 줄일 수 있어요.

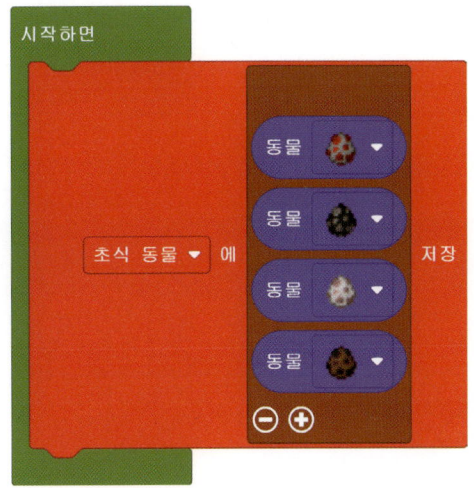

> **알아두기** 여러 개의 값을 저장하는 배열

배열의 크기는 배열에 있는 자료의 개수예요. 배열에 있는 자료를 관리하기 위해 번호를 매기는 데 첫 번째 자료가 0번이라는 점을 주의하세요. 예를 들어 우리가 작성한 배열의 크기는 4이고 0번째 자료는 빨간색 몹알, 닭이에요.

아이템으로 소환하기

[플레이어]-[만약 아이템 사용하면]을 가져오세요.

[몹]-[소환 동물을 위치]를 가져온 뒤 y좌푯값을 '4'로 바꾸세요.

[고급]-[배열]-[list에서 임의의 값을 가져옵니다]를 가져와 '동물'에 넣으세요.

'list'를 눌러 '초식 동물'로 바꾸세요.

> **TIP** 플레이어 머리 위 4칸에서 배열값에 있는 동물 중 하나가 무작위로 소환돼요.

> **알아두기** 만약 아이템을 사용한다는 뜻은?
>
> 플레이어가 해당하는 아이템을 손에 들고 있는 상태에서 마우스 오른쪽 클릭하면 코드가 실행되는 것을 의미해요. 아이템을 실제 게임에서 사용할 수 없어도 손에 들 수만 있다면 실행 가능해요. 만약 터치 조작을 하고 있다면 게임 화면 속 블록이 없는 공간을 누르고 있으면 실행돼요.

[플레이어]-[채팅창에 말하기]를 가져오세요.

[고급]-[문자열]-[연결]을 가져와 채팅 내용에 넣으세요.

[고급]-[배열]-[리스트의 길이]를 가져와 문자열에 넣고 '리스트'를 눌러 '초식 동물'로 바꾸세요.

[연결] 내용에 다음과 같이 내용을 입력하세요.

③ 실행하기

철제 삽 을 꺼내 손에 들고 마우스 오른쪽 클릭하세요.

채팅창에 메시지가 나오고 플레이어 위에서 동물이 소환돼요.

> **TIP** 초식 동물 배열을 만든 것처럼 육식 동물 배열도 만들어 소환할 수 있어요.

완성 코드 보기

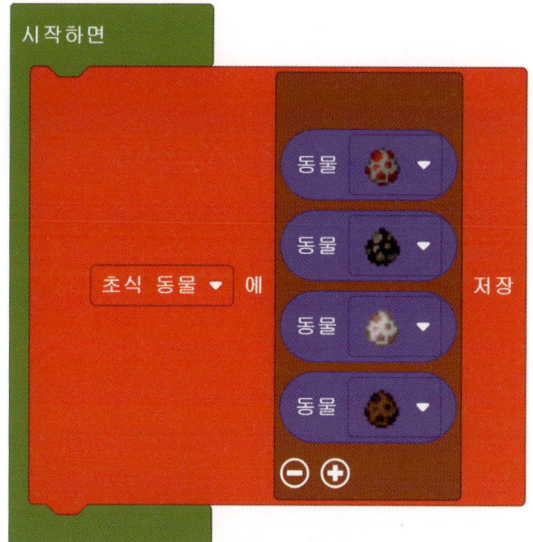

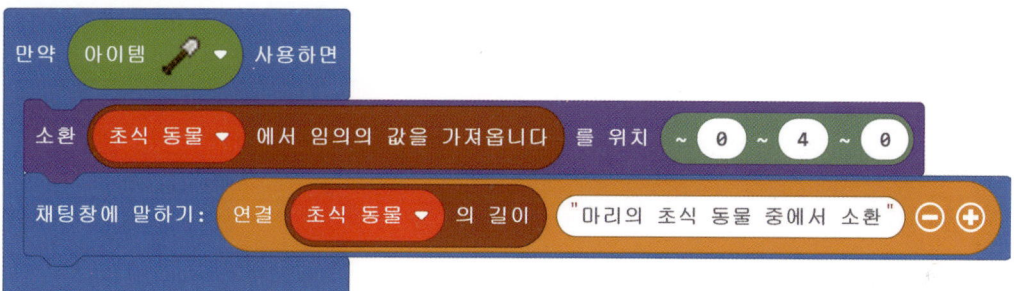

09 : 이야기를 전달하는 스토리텔러

NPC는 하나의 장면만 보여줄 수 있지만 명령어를 활용하면 여러 NPC의 대화를 연결해서 보여줄 수 있어요. 여러 장면을 만들어 이야기를 전달하는 NPC를 만들어 보고 몰입형 리더를 활용해서 다양한 방법으로 읽어 볼게요.

프로젝트 정보

난이도 ★☆☆☆☆ 태그 #NPC #스토리텔링 관련 프로젝트 4, 27

하나씩 따라하기

장면 NPC 소환하기

명령어 **/wb**를 입력하여 월드빌더 권한을 얻으세요.

명령어 **/summon npc 장면1**, **/summon npc 장면2**를 차례로 입력하여 이름이 '장면1'과 '장면2'인 NPC 2명을 소환하세요.

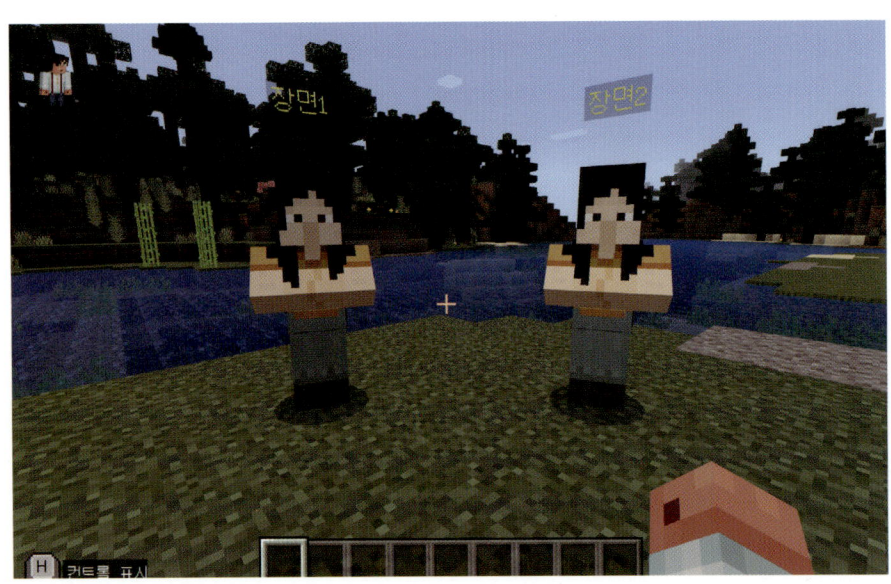

'장면1' NPC에 마우스 오른쪽 클릭해서 설정창을 열고 을 눌러 대화를 입력하세요.

같은 방법으로 '장면2' NPC 대화는 장면1에서 이어지는 대화로 입력하세요.

> **TIP** 어떤 대화를 입력해도 좋아요. 단 맞춤법에 맞는 표준어로 입력하세요.

② NPC 명령 설정하기

'장면1' NPC의 설정창을 열고 를 누르세요.

버튼 모드를 켜고 다음과 같이 버튼 이름과 명령어를 입력하세요.

> **TIP** 버튼을 누르면 NPC '장면2'의 대화를 NPC '장면1'과 대화하고 있는 플레이어에게 보여줘요.

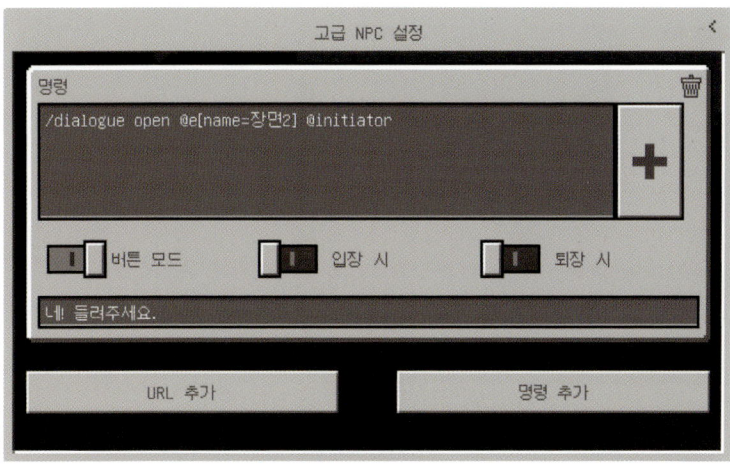

알아두기 NPC 대화를 불러오는 명령어 /dialogue open

`/dialogue open` 〈대화를 불러올 NPC @대상〉 〈대화를 보여줄 @대상〉

플레이어가 NPC에 가까이 가지 않아도 대화를 불러올 수 있는 명령어예요. 이 명령어를 활용하면 많은 NPC 대화를 연결할 수 있어요.

 **대화하기**

NPC 설정창을 닫은 뒤 명령어 **/wb**를 입력해서 월드 빌더 권한을 없애세요.

NPC '장면1'에 마우스 오른쪽 클릭해서 대화를 연 뒤 버튼을 눌러 대화를 확인하세요.

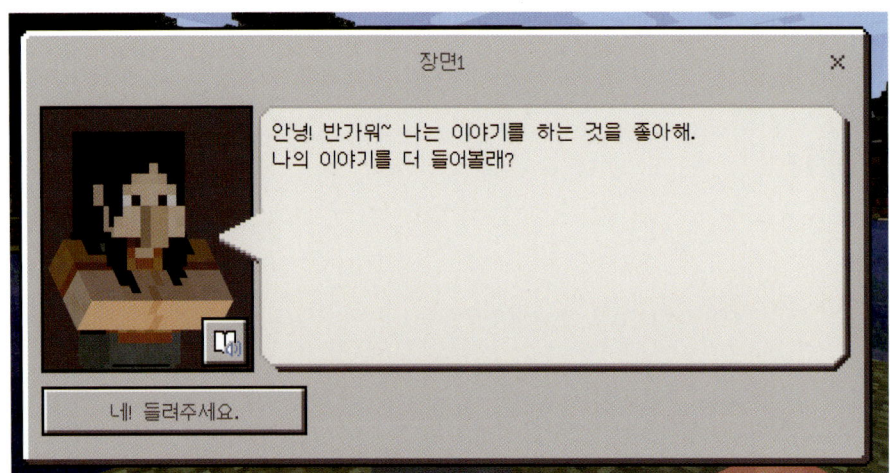

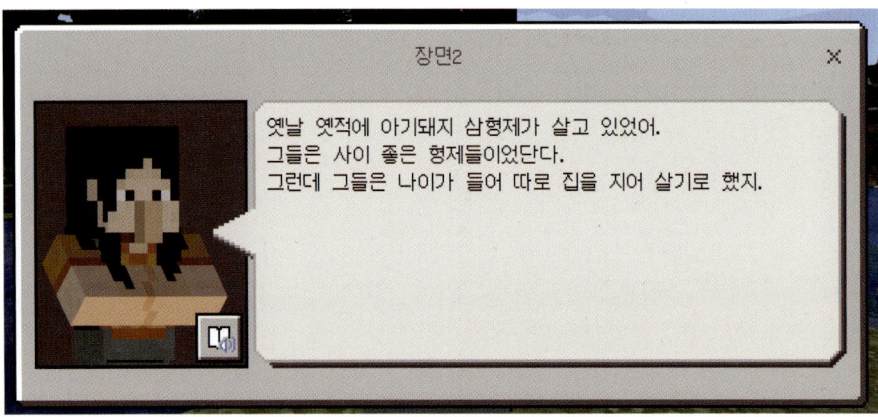

알아두기 | NPC의 진짜 이름

연결되는 대화를 완성했지만 NPC의 이름이 '장면1', '장면2'라서 어색하게 보여요. 이 이름은 NPC 설정창의 이름 입력칸에서 바꾸어 주면 돼요. NPC의 진짜 이름은 명령어 /summon을 실행할 때 약속한 '장면1'로 바뀌지 않아요. 보이는 이름만 NPC 설정창에서 바꿀 수 있는 것이랍니다.

4 영어로 바꾸어 읽어 보기

NPC 초상화 아래 를 눌러 몰입형 리더를 여세요.

화면 오른쪽 위의 읽기 환경 설정(📖)을 누르고 번역 언어를 영어(미국)으로 설정하고 '문서'를 켜세요.

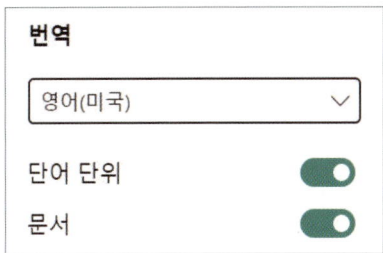

번역된 대화를 확인하고 ▶을 눌러 대화를 들어 보세요.

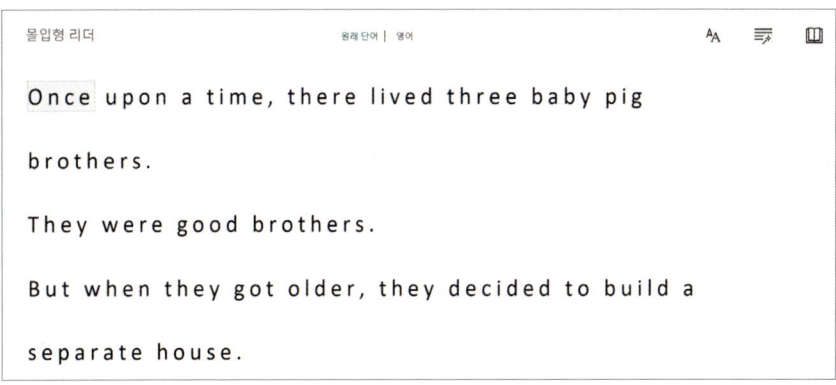

| 알아두기 | 언어 학습에 활용할 수 있는 몰입형 리더 |

몰입형 리더는 읽기가 능숙하지 못한 학생들에게 도움을 줄 수 있어요. 여러 가지 언어로 번역을 해주기 때문에 외국어 학습에도 효과적으로 활용할 수 있죠. 품사, 라인포커스, 그림 사전과 같은 기능도 한번 확인해 보세요.

10 : 오르락내리락 이동하는 에이전트

플레이어가 언덕을 넘어 이동하는 것은 간단한 일이지만 에이전트에게 이 동작을 수행시키기 위해서는 논리적인 코드가 필요해요. 앞을 가로막는 장애물이나 내리막 길이 나타났을 때, 에이전트가 어떻게 움직일지 판단할 수 있도록 해야 해요.

프로젝트 정보

난이도 ★★☆☆☆　　　태그 #에이전트 #탐험　　　관련 프로젝트 11, 31

하나씩 따라하기

장애물이 있을 때 이동

[플레이어]-[다음 채팅명령어를 입력하면]을 가져와 '실행'을 입력하세요.

[논리]-[만약 참 이면]을 가져오세요.

[에이전트]-[에이전트가 블록 탐지]를 가져와 조건식에 넣으세요.

[에이전트]-[에이전트가 블록 파괴]를 가져온 뒤 방향을 '위로' 바꾸세요.

[에이전트]-[에이전트가 이동 방향 거리]를 가져온 뒤 방향을 '위로' 바꾸세요.

[에이전트]-[에이전트가 이동 방향 거리]를 가져오세요.

> **TIP**
> 에이전트가 앞에 장애물이 있을 때는 위로 이동한 뒤 다시 앞으로 가도록 해요. 위로 이동할 때 혹시 장애물이 있다면 부술 수 있도록 해요.

> **알아두기** 만쪽하는 조건식에 따라 실행되는 선택구조

[만약 참 이면]과 같은 명령블록은 특정 조건을 만족할 때만 코드가 실행하도록 해요. 조건식에 들어가는 명령블록은 육각형 모양으로 쉽게 알아볼 수 있어요.

② 바닥이 없을 때 이동

[만약 참 이면] 아래 ⊕을 두 번 눌러 두 가지 경우를 추가하세요.

[논리]-[아님]를 가져와 [만약 참 이면 아니면]의 조건식에 넣으세요.

[에이전트]-[에이전트가 블록 탐지]를 가져와 [아님]에 넣고 방향을 '아래로' 바꾸세요.

[에이전트]-[에이전트가 이동 방향 거리]를 가져온 뒤 방향을 '아래로' 바꾸세요.

> **TIP** 에이전트 아래에 아무 블록이 없다면 에이전트는 한 칸 아래로 내려가요.

[에이전트]-[에이전트가 이동 방향 거리]를 가져와 [아니면]에 넣으세요.

> **TIP** 에이전트 앞, 에이전트 아래 아무 블록이 없다면 에이전트는 앞으로 이동해요.

[플레이어]-[다음 채팅명령어를 실행]을 가져와 '실행'으로 바꾸세요.

> **TIP** [다음 채팅명령어를 실행]은 약속한 채팅명령어를 실행시키는 명령블록이에요.

| 알아두기 | 채팅명령어 안에서 다시 같은 채팅명령어를 실행시키는 재귀 |

채팅명령어가 다시 자신을 실행시키기 때문에 결국 코드가 무한히 반복하게 해요. 재귀는 간단하게 반복하는 코드를 만들 수 있기 때문에 자주 활용되는 구조랍니다.

실행하기

에이전트의 위치를 확인하고 채팅명령어 '실행'을 입력하세요.

에이전트가 지형 높이에 맞게 계속해서 이동해요.

완성 코드 보기

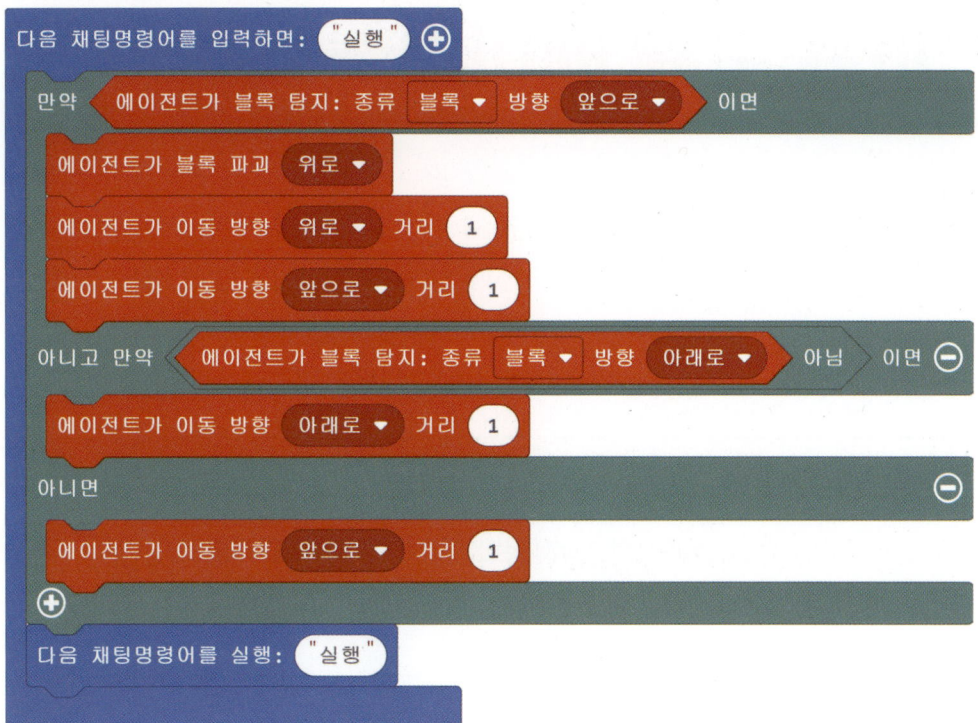

11 : 길을 따라가는 자율 주행 에이전트

자율 주행은 자동으로 길을 따라가는 기술이에요. 자율 주행을 하기 위해서는 길이 있는 곳을 탐지할 수 있어야 해요. 에이전트가 레드스톤 신호를 탐지해서 길을 찾아 자율 주행을 할 수 있도록 해볼게요.

프로젝트 정보

난이도 ★★☆☆☆   태그 #에이전트 #자동화   관련 프로젝트 10, 31

하나씩 따라하기

1 길 만들기

레드스톤 횃불, 레드스톤 가루를 가져와 에이전트의 앞에 이동할 길을 만드세요.

> **TIP** 레드스톤 가루 중간중간마다 레드스톤 횃불을 설치해서 빨간색 신호가 끊어지지 않도록 해요.

> **알아두기** 마인크래프트 세계의 전기, 레드스톤 신호
>
> 레드스톤은 전원(신호를 발생시키는 곳)이 있고 신호를 보낼 수 있다는 점에서 마치 전기와 비슷해요. 레드스톤의 전원은 레드스톤 횃불, 레드스톤 블록과 같은 아이템이고 신호를 전달하는 전선은 레드스톤 가루라고 보면 돼요.

앞으로 이동하기

[플레이어]-[다음 채팅명령어를 입력하면]을 가져와 '실행'을 입력하세요.

[논리]-[만약 참 이면]을 가져오세요.

[에이전트]-[에이전트가 블록 탐지]를 가져와 조건식에 넣은 뒤 블록 ▼ 을 눌러 레드스톤으로 바꾸세요.

[에이전트]-[에이전트가 이동 방향 거리]를 가져오세요.

> **TIP** 에이전트는 주변에 있는 레드스톤 신호를 탐지할 수 있는데, 그 신호를 탐지해서 길을 따라 이동할 수 있어요.

```
다음 채팅명령어를 입력하면: "실행"
  만약  에이전트가 블록 탐지: 종류 레드스톤 ▼ 방향 앞으로 ▼  이면
      에이전트가 이동 방향 앞으로 ▼ 거리 1
```

옆으로 이동하기

[만약 참 이면] 아래 ⊕ 을 세 번 눌러 세 가지 경우를 추가하세요.

[에이전트]-[에이전트가 블록 탐지]를 가져와 첫 번째 [만약 참 이면 아니면]의 조건식에 넣고 종류는 '레드스톤', 방향은 '왼쪽'으로 바꾸세요.

[에이전트]-[에이전트가 회전]을 가져오세요.

[에이전트]-[에이전트가 블록 탐지]를 가져와 두 번째 [만약 참 이면 아니면]의 조건식에 넣고 종류는 '레드스톤', 방향은 '오른쪽'으로 바꾸세요.

[에이전트]-[에이전트가 회전]을 가져와 방향을 '오른쪽'으로 바꾸세요.

 뒤로 이동하기

[에이전트]-[에이전트가 회전]을 두 번 가져오세요.

[플레이어]-[다음 채팅명령어를 실행]을 가져와 '실행'으로 바꾸세요.

 실행하기

에이전트를 레드스톤 신호 위에 위치시키고 채팅명령어 '실행'을 입력하세요.

에이전트가 레드스톤 신호를 따라 이동해요.

> **알아두기** **여러 갈림길이 있다면?**
>
> 코드는 위에서부터 순서대로 실행되기 때문에 선택구조의 가장 먼저 나오는 조건식을 먼저 판단해요. 따라서 만약 갈림길이 있다면 에이전트는 앞으로 이동하게 돼요.

완성 코드 보기

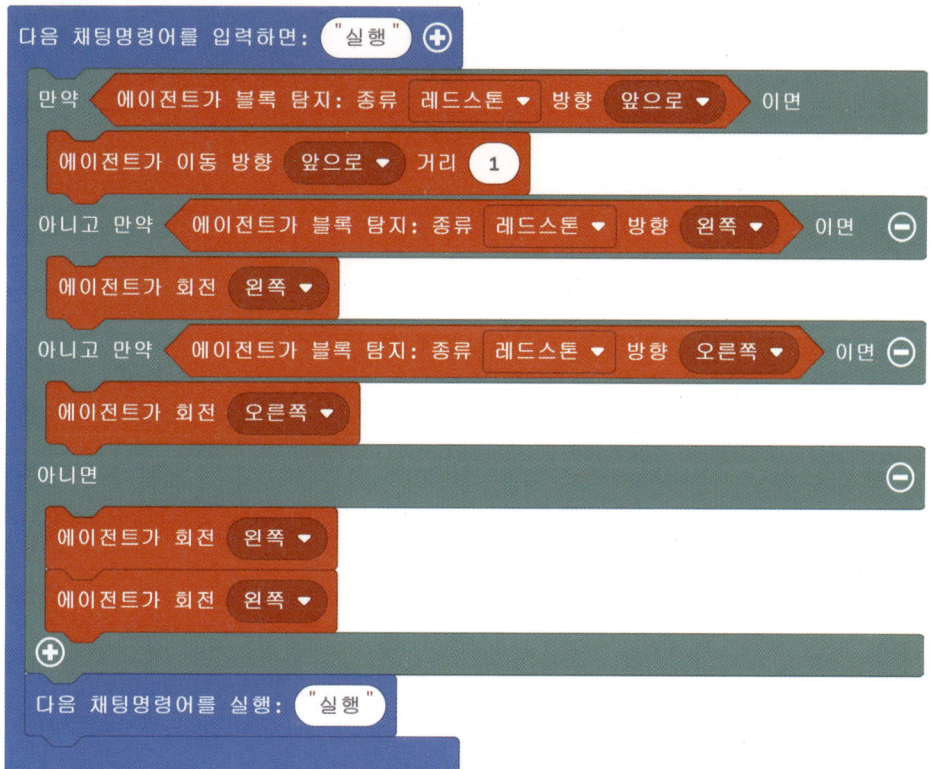

12 : 몹에게 순식간에 이동하는 점멸

동물을 사냥하거나 몬스터를 공격할 때 빠르게 접근해서 공격해야 해요. 점멸은 불이 깜박인다는 뜻이지만 게임에서는 짧은 거리를 빠르게 이동하는 것을 말하기도 해요. 점멸은 전투에서 효과적으로 활용할 수 있는 기술이에요.

프로젝트 정보

난이도 ★★☆☆☆   태그 #몹 #전투   관련 프로젝트 22, 34

하나씩 따라하기

대상 선택하기

[플레이어]-[만약 아이템 사용하면]을 가져오세요.

[변수]-[변수 만들기]를 눌러 변수 '대상'을 약속하세요.

[변수]-[변수에 저장]을 가져오세요.

[몹]-[대상]을 가져와 변수 '대상'에 넣고 대상은 '모든 엔티티(@e)'로 바꾸세요.

[플레이어]-[플레이어 절대좌표]를 가져와 대상 좌표에 넣고 반경은 '20'으로 바꾸세요.

> **TIP** 플레이어 위치로부터 반경 20칸 내의 모든 엔티티가 변수 '대상'에 저장돼요.

대상 규칙 정하기

[몹]-[selector의 최소 반경 설정]을 가져온 뒤 'selector'를 '대상', 반경은 '4'로 바꾸세요.

[몹]-[selector에게 다음 규칙 추가]를 두 번 가져온 뒤 'selector'를 '대상'으로 바꾸고 다음과 같이 두 가지 규칙을 추가하세요.

> **TIP** 변수 '대상'에 저장된 엔티티에게 규칙을 추가해서 4~20칸 반경에 있는 몹 중에서 1마리로 선택되었어요.

알아두기 대상 선택 인자로 원하는 엔티티 찾기

명령을 적용할 대상을 정할 때 대상 선택 인자로 원하는 대상을 선택할 수 있어요. 기본적인 대상 선택 인자는 알아 두는 것이 좋아요.

@s: 자기 자신 / @e: 모든 엔티티 / @a: 모든 플레이어 / @initiator: NPC와 대화 중인 플레이어 / family=mob: 몹 전체 선택 / family=monster: 몬스터 전체 선택 / c=1: 엔티티 1개만 선택

 ## 대상에게 이동하기

[몹]-[텔레포트 목적 타겟]을 가져와 대상을 '자기 자신'으로 바꾸세요.

[변수]-[대상]을 가져와 목적타겟에 넣으세요.

[플레이어]-[채팅창에 말하기]를 가져오세요.

[고급]-[문자열]-[연결]을 가져와 채팅 내용에 넣으세요.

[변수]-[대상]을 가져와 문자열에 넣고 다음과 같이 내용을 입력하세요.

실행하기

철제 삽을 꺼내 손에 들고 마우스 오른쪽 버튼을 클릭하세요.

주변에 있는 몹을 찾아서 순간이동해요.

> **TIP** 최소 4칸~20칸에 있는 몹을 찾기 때문에 주변에 몹이 없다면 순간이동하지 못해요.

완성 코드 보기

만약 아이템 🛠 사용하면
  대상 ▼ 에 다음 대상에서 플레이어 절대좌표 저장
    대상: 모든 엔티티 (@e) ▼
    다음 반경 내에 있는 20
  대상 ▼ 의 최소 반경 설정 4
  대상 ▼ 에게 다음 규칙 추가: "family" 다음에 적용한 규칙과 같은 "mob"
  대상 ▼ 에게 다음 규칙 추가: "c" 다음에 적용한 규칙과 같은 "1"
  텔레포트: 타겟 대상: 자기 자신 (@s) ▼
  목적타겟 대상 ▼
  채팅창에 말하기: 연결 대상 ▼ "에게 점멸!" ⊖ ⊕

13 : 쭈민을 지켜라! 습격 디펜스 게임

마인크래프트에는 플레이어에 우호적인 주민과 주민들을 위협하는 우민들이 있어요. 플레이어가 주민 마을에 있을 때 우민들이 습격하는 경우가 있는데, 이를 활용하면 재밌는 디펜스 게임을 만들 수 있어요.

프로젝트 정보

난이도 ★★☆☆☆   태그 #게임플레이 #게임제작   관련 프로젝트 36

하나씩 따라하기

쭈민 마을 찾기

명령어 **/locate village**를 입력해서 주민마을의 좌표를 확인하세요.

`가장 가까운 마을의 블록 위치: 2360, (y?), -424`

확인한 좌표로 명령어 **/tp 2360 100 -424**를 입력해서 주민마을로 순간이동하세요.

`Lees님을 2360.50, 100.00, -423.50 좌표로 순간이동했습니다`

> **TIP** 주민 마을의 위치는 생성한 월드마다 달라요.

알아두기 특징 장소의 좌표를 알려주는 명령어 /locate

`/locate <찾을 장소>`

마인크래프트 월드를 탐험하다 보면 고대도시, 유적지, 요새, 신전과 같은 특별한 장소들을 찾을 수 있어요. 하지만 이런 장소들을 쉽게 발견하기 어렵죠. 이때는 /locate 명령으로 좌표를 확인한 다음 /tp 명령으로 순간이동해 보세요.

명령어 실행하기

[플레이어]-[다음 채팅명령어를 입력하면]을 가져와 '실행'을 입력하세요.

[플레이어]-[다음 치트키 실행]을 두 번 가져온 뒤 다음과 같이 명령어를 입력하세요.

> **TIP** 명령어 spawnpoint는 플레이어의 현재 위치 리스폰(부활) 위치로 설정해요.

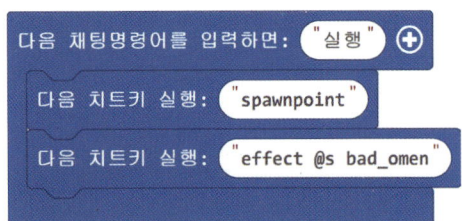

> **알아두기** 코드 작성기의 명령블록으로 명령어 실행하기
>
> [다음 치트키 실행]은 명령어(Command)를 실행해 주는 명령블록이에요. 명령블록에는 없는 명령을 코드 작성기에서 사용할 수 있기 때문에 유용해요. 채팅창에 입력하는 것과 달리 /(슬래시)를 적지 않아도 돼요.

> **알아두기** 대상에게 효과를 부여하는 명령어 /effect
>
> /effect 〈효과를 적용할 @대상〉 〈효과 종류〉
>
> 신속, 힘, 멀미와 같은 효과를 대상에게 부여하는 명령어예요. 주민마을에서 플레이어가 흉조(bad_omen) 효과에 걸리면 우민들의 습격이 시작돼요.

게임 설정하기

[게임플레이]-[메시지 보여주기]를 가져온 뒤 대상을 '자기 자신'으로 바꾸고 습격 시작을 알리는 메시지를 입력하세요.

[게임플레이]-[게임 모드 변경]을 가져와 대상을 '자기 자신'으로 바꾸세요.

[게임플레이]-[난이도 설정하기]를 가져와 난이도를 '기본'으로 바꾸세요.

 우민들은 몬스터로 보기 때문에 난이도가 평화로움이면 나오지 않아요.

[게임플레이]-[게임 룰 변경]을 가져와 인벤토리 유지를 '참'으로 바꾸세요.

 인벤토리 유지가 참이면 플레이어가 죽더라도 아이템을 떨어뜨리지 않아요.

[몹]-[블록이나 아이템 주기]를 가져와 대상은 '자기 자신'으로 바꾸세요.

[블록]-[아이템]을 가져와 넣고 '다이아몬드 검'으로 바꾸세요.

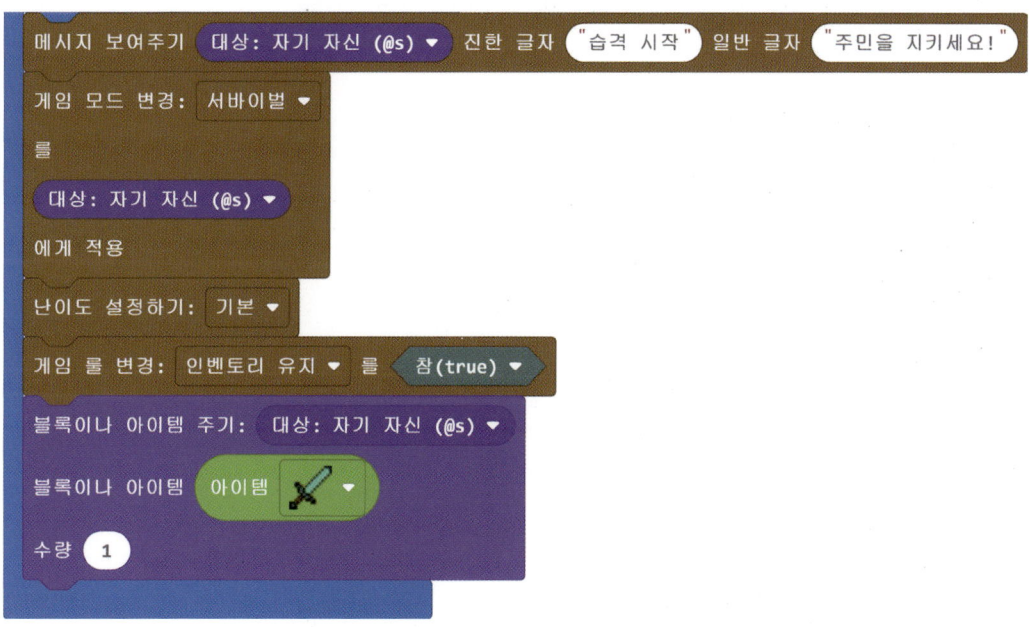

 **실행하기**

채팅명령어 '실행'을 입력하세요.

우민들의 습격을 막고 주민들을 지키세요.

| TIP | 난이도에 따라 여러 번의 레이드가 진행돼요. 모든 레이드를 막아내면 마을의 영웅 효과를 받아요. |

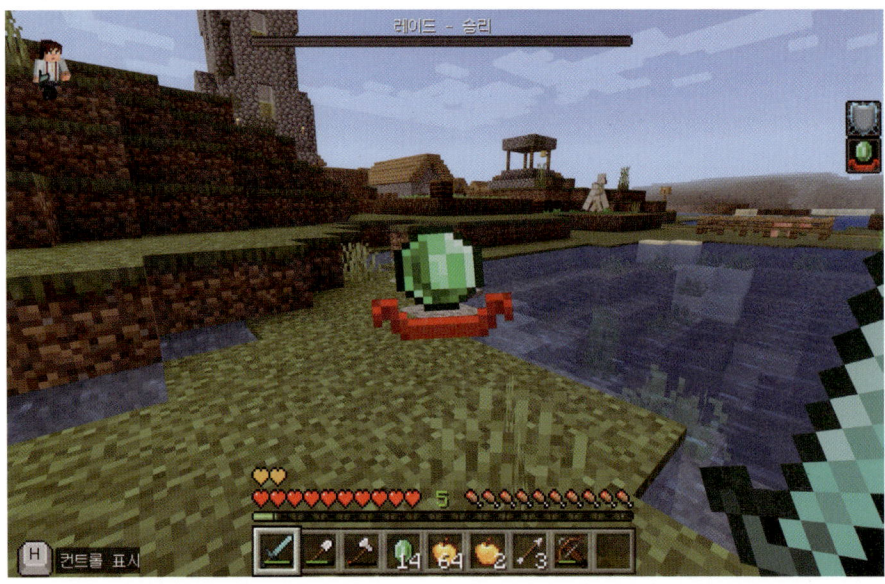

완성 코드 보기

- 다음 채팅명령어를 입력하면: "실행" ⊕
  - 다음 치트키 실행: "spawnpoint"
  - 다음 치트키 실행: "effect @s bad_omen"
  - 메시지 보여주기 대상: 자기 자신 (@s) 진한 글자 "습격 시작" 일반 글자 "주민을 지키세요!"
  - 게임 모드 변경: 서바이벌 를 대상: 자기 자신 (@s) 에게 적용
  - 난이도 설정하기: 기본
  - 게임 룰 변경: 인벤토리 유지 를 참(true)
  - 블록이나 아이템 주기: 대상: 자기 자신 (@s)
    - 블록이나 아이템 아이템 🗡
    - 수량 1

14 : 사각형의 둘레와 넓이 계산

사각형 넓이를 구할 때는 정사각형의 단위 넓이가 몇 개인지 세어서 구해요. 예를 들어 가로의 길이가 3개, 세로의 길이가 4개라면 모든 정사각형은 12개이고 이것이 넓이가 되는 것이지요. 마인크래프트의 블록 하나가 단위 넓이라고 생각하면 쉽게 넓이를 계산할 수 있답니다.

프로젝트 정보

난이도 ★★☆☆☆   태그 #블록 #수학   관련 프로젝트 29

하나씩 따라하기

1 사각형 만들기

[플레이어]-[다음 채팅명령어를 입력하면]을 가져와 '실행'으로 바꾸세요.

[다음 채팅명령어를 입력하면]의 을 두 번 눌러 변수 두 개를 추가하세요.

추가된 변수 `num1` - `변수 이름 바꾸기...` 를 눌러 이름을 '가로'로 바꾸세요.

같은 방법으로 `num2` 의 이름을 '세로'로 바꾸세요.

[블록]-[블록 채우기]를 가져와 블록을 '철블록'으로 바꾸세요.

시작 좌푯값은 (1, 0, 1)로 바꾸고, 끝 좌푯값은 [변수]-[가로], [세로]를 가져와 각각 x좌표와 z좌표에 넣으세요.

> **TIP**
> 블록을 변수 가로와 세로 크기만큼 채워 사각형을 만들어요. y좌표는 0으로 변화가 없기 때문에 높이는 1칸이에요.

> **알아두기** 여러 개의 블록을 한 번에 채우기

[블록 채우기]는 넓은 공간에 많은 블록을 놓아야 할 때 사용해요. 시작 좌표와 끝 좌표를 잇는 가로, 세로, 높이의 모든 공간을 블록으로 채워요.

> **알아두기** 채팅명령어와 함께 입력하는 변수

채팅명령어에 직접 변숫값을 입력할 수도 있는데, 이것은 채팅명령어를 실행할 때마다 다른 값이 필요할 수 있기 때문이에요. 이 코드에서도 다양한 크기의 사각형 넓이를 구하기 위해서 가로와 세로의 길이를 변숫값으로 입력하는 것이에요.

② 둘레와 넓이 구하기

[플레이어]-[채팅창에 말하기]를 가져오세요.

[고급]-[문자열]-[연결]을 가져와 채팅 내용에 넣고 를 눌러 칸을 추가하세요.

[계산]-[곱하기]를 가져와 가운데 문자열에 넣고 나머지 문자열에 내용을 입력하세요.

[변수]-[가로], [세로]를 가져와 곱하기 계산식에 넣으세요.

> **TIP** 가로 곱하기 세로 계산식의 결과를 채팅창에 보여줘요.

같은 방법으로 [계산]-[더하기]를 추가로 가져와 둘레를 구하는 계산식을 작성하세요.

> **TIP** 먼저 가로와 세로를 더하고 2를 곱해야 정확한 둘레 값이 나와요. [더하기], [곱하기]의 위치에 주의해서 작성하세요.

실행하기

채팅명령어 '실행 5 4'를 입력하세요.

넓이, 둘레 계산 결과와 철블록으로 채워진 사각형을 확인하세요.

입력하는 변숫값을 다르게 해서 채팅명령어를 실행해 보세요.

> **TIP** 채팅명령어와 변숫값을 입력할 때 꼭 띄어쓰기를 해야 실행돼요.

완성 코드 보기

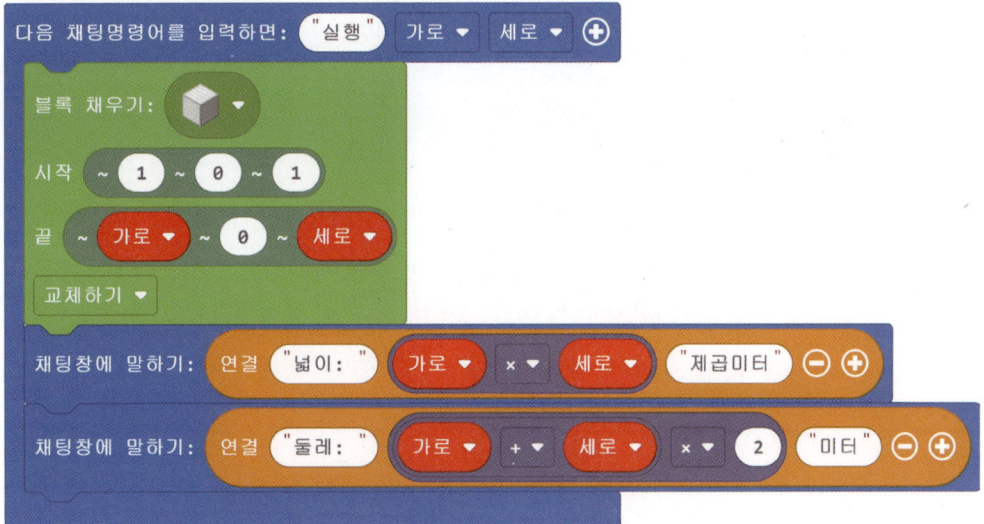

15 : 보상을 주고 사라지는 떠돌이 NPC

게임에서 플레이어가 필요한 아이템과 같은 보상을 얻는 것을 파밍(farming)이라고 해요. 몬스터를 잡아 얻는 아이템, 위험한 지역에서 찾은 보물 상자, 또는 NPC가 주는 보상일 수도 있죠. 떠돌아다니며 플레이어에게 보상을 주는 NPC를 만들어 보도록 할게요.

프로젝트 정보

난이도 ★★★☆☆   태그 #NPC #게임제작   관련 프로젝트 5, 27

하나씩 따라하기

NPC 대화 입력하기

명령어 **/wb** 명령어를 입력하여 월드빌더 권한을 얻으세요.

명령어 **/summon npc 떠돌이** 명령어를 입력하여 이름이 '떠돌이'인 NPC를 소환해요.

NPC에 마우스 오른쪽 클릭하여 설정창을 열고 대화 편집 을 눌러 대사를 입력하세요.

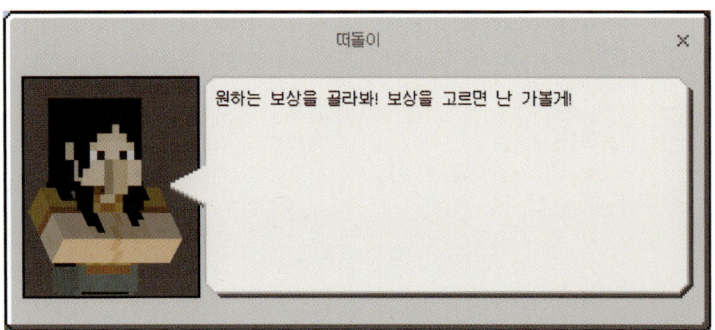

② 명령어 입력하기

설정창으로 돌아가 고급 설정 – 명령 추가 를 누르세요.

 를 켜고 다음과 같이 버튼 이름과 명령어를 입력하세요.

> **TIP** NPC와 대화하고 있는 플레이어에게 다이아몬드 칼을 주는 명령이에요.

명령 추가 를 눌러 명령을 추가하고 다음과 같이 버튼 이름과 명령어를 입력하세요.

> **TIP** 신속효과(speed)를 10초 동안 5만큼 부여하는 명령이에요.

명령 추가 를 눌러 명령을 추가한 뒤, 퇴장 시 를 켜고 다음과 같이 명령을 입력하세요.

> **TIP** 이 명령을 실행하는 것은 NPC이므로 명령어의 @s(자기 자신)은 NPC를 의미해요. 따라서 NPC는 자신의 위치(~0, ~0)를 중심으로 10칸 범위 안에서 이동해요.

기본 15 보상을 주고 사라지는 떠돌이 NPC **065**

> **알아두기** 엔티티를 무작위로 이동시키는 명령어 /spreadplayers

/spreadplayers ⟨중심 좌표 x, z⟩ ⟨대상 간 거리⟩ ⟨최대 범위⟩ ⟨이동시킬 @대상⟩

대상을 순간이동시킨다는 점에서 명령어 /tp와 비슷하지만 항상 지표면 위로 이동하기 때문에 y좌표를 정할 필요가 없다는 점, 대상들의 간격과 범위를 지정할 수 있다는 점에서 달라요.

> **알아두기** NPC가 명령을 실행하는 방법

입장 시는 플레이어가 NPC와 대화를 시작할 때 명령을 실행하고 퇴장 시는 대화를 끝낼 때 실행돼요. 버튼 모드는 버튼을 누를 때만 실행된답니다.

NPC와 대화하기

NPC 설정창을 닫은 뒤 명령어 **/wb**를 입력해서 월드 빌더 권한을 없애요.

NPC를 마우스 오른쪽 클릭하여 대화 상자를 연 뒤 버튼을 눌러 다이아몬드 칼을 받거나 신속효과를 얻어보세요. 대화가 끝나면 NPC는 다른 곳으로 이동해요.

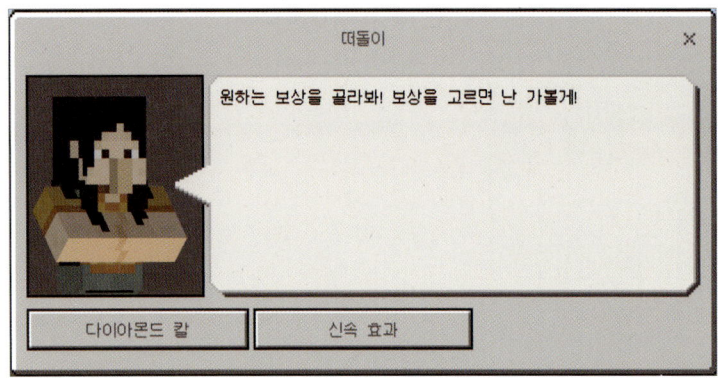

16 : 사냥 점수표 만들기

스코어보드(scoreboard)는 점수를 기록해 주는 명령어로 변수처럼 활용할 수 있어요. 다양한 대상의 점수를 화면에 표시해 주기 때문에 게임 제작에 활용하면 좋아요. 사냥한 동물의 마릿수를 보여주는 점수표를 만들어 볼게요.

프로젝트 정보

난이도 ★★★☆☆   태그 #명령어 #게임제작   관련 프로젝트 36

하나씩 따라하기

스코어보드 약속하기

명령어 **/scoreboard objectives add 동물 dummy** 동물을 입력하세요.

`새로운 목표 '동물'이(가) 추가되었습니다.`

명령어 **/scoreboard objectives setdisplay sidebar 동물**을 입력하세요.

`'sidebar' 슬롯의 목표를 '동물'(으)로 설정했습니다.`

명령어 **/scoreboard players set 초식동물 동물 0**을 입력하세요.

`초식동물 님의 [동물]이(가) 0점으로 설정되었습니다`

명령어 **/scoreboard players set 육식동물 동물 0**을 입력하세요.

`육식동물 님의 [동물]이(가) 0점으로 설정되었습니다`

화면 오른쪽에 초식동물, 육식동물 스코어보드가 보이는지 확인하세요.

> **TIP** '동물'은 목표, '육식동물', '초식동물'은 대상, 숫자 '0'은 점수예요.

> **TIP** 지금까지 작성한 명령어를 다음과 같이 [다음 치트키 실행]을 사용해서 한 번에 채팅명령어로 실행해도 좋아요.

```
다음 채팅명령어를 입력하면: "실행" ⊕
  다음 치트키 실행: "scoreboard objectives add 동물 dummy 동물"
  다음 치트키 실행: "scoreboard objectives setdisplay sidebar 동물"
  다음 치트키 실행: "scoreboard players set 초식동물 동물 0"
  다음 치트키 실행: "scoreboard players set 육식동물 동물 0"
```

알아두기 점수를 기록하는 스코어보드 명령어

스코어보드는 포함하는 명령어가 다양해서 배우기 어렵지만 스코어보드를 적용하면 구현할 수 있는 활동이 많아서 알아두면 좋아요.

/scoreboard objectives add 〈목표 이름〉 dummy 〈보이는 목표 이름〉

스코어보드 목표 약속하기

/scoreboard objectives setdisplay sidebar 〈목표 이름〉

스코어보드를 화면 오른쪽(sidebar)에 보여주기

/scoreboard players set 〈대상〉 〈목표 이름〉 〈수〉

스코어보드 목표에 있는 대상의 점수를 〈수〉로 정하기

/scoreboard players add 〈대상〉 〈목표 이름〉 〈수〉

스코어보드 목표에 있는 대상의 점수 〈수〉만큼 더하기

사냥 점수 올리기

[몹]-[몹이 죽었다면 실행]을 가져와 동물을 '양'으로 바꾸세요.

[플레이어]-[다음 치트키 실행]을 가져온 뒤 다음과 같이 명령어를 입력하세요.

[몹]-[몹이 죽었다면 실행]을 가져와 동물을 '늑대'로 바꾸세요.

[플레이어]-[다음 치트키 실행]을 가져온 뒤 다음과 같이 명령어를 입력하세요.

TIP 플레이어가 양을 잡을 때는 초식동물 점수가 올라가고 늑대를 잡을 때는 육식동물 점수가 올라가요.

알아두기 몹의 죽음을 감지하는 몹이 죽었다면 실행

플레이어가 어떤 몹을 잡았을 때 실행되는 명령블록이에요. 주의해야 할 것은 몹이 불에 타거나 낙사하는 등 다른 이유로 죽었을 때는 실행되지 않아요.

 **실행하기**

양이나 늑대를 찾고 잡아보세요.

화면 오른쪽 스코어보드의 점수가 바뀌는 것을 확인하세요.

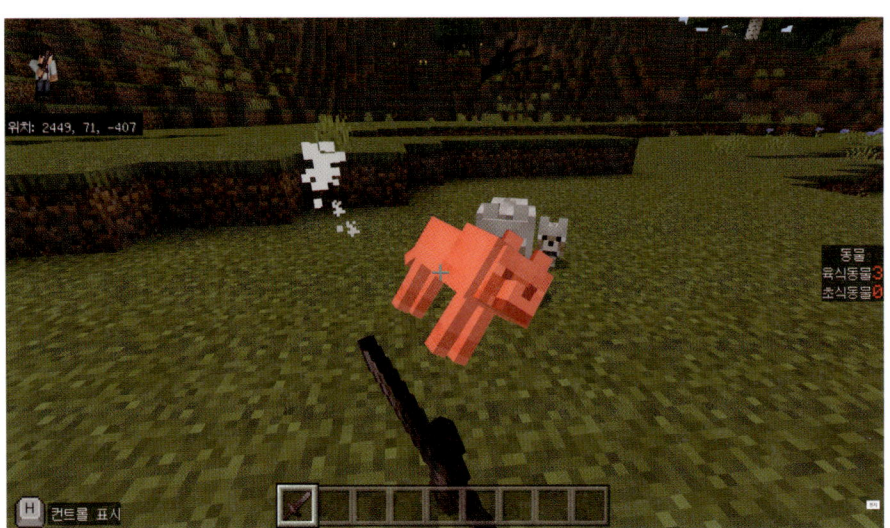

완성 코드 보기

다음 채팅명령어를 입력하면: "실행" ⊕
　다음 치트키 실행: "scoreboard objectives add 동물 dummy 동물"
　다음 치트키 실행: "scoreboard objectives setdisplay sidebar 동물"
　다음 치트키 실행: "scoreboard players set 초식동물 동물 0"
　다음 치트키 실행: "scoreboard players set 육식동물 동물 0"

몹 동물 이 죽었다면 실행
　다음 치트키 실행: "scoreboard players add 초식동물 동물 1"

몹 동물 이 죽었다면 실행
　다음 치트키 실행: "scoreboard players add 육식동물 동물 1"

17 : 방위를 알려주는 나침반

방위는 동서남북과 같은 방향을 의미하는 말이에요. 마인크래프트 월드에서도 동서남북 방위가 있고 각 방위는 좌표로 나타낼 수 있어요. 플레이어가 바라보는 쪽의 방위를 알려주는 나침반을 만들어 볼게요.

프로젝트 정보

난이도 ★★★☆☆   태그 #블록 #지리   관련 프로젝트 6, 32

하나씩 따라하기

바라보는 방향에 블록 놓기

[플레이어]-[만약 아이템 사용하면]을 가져오세요.

[블록]-[블록 놓기]를 가져와 블록을 '바다랜턴'으로 바꾸세요.

[위치]-[right, above, in front]를 가져와 좌푯값에 넣고 in front 값을 '3'으로 바꾸세요.

> **TIP** 바다랜턴이 플레이어가 바라보는 가까운 방위로 3칸 앞에 놓여요.

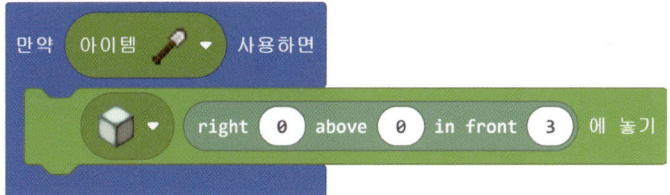

> **알아두기** 플레이어가 바라보는 방향 축 기준 좌표
>
> 플레이어가 바라보는 방향을 기준으로 해서 right는 플레이어의 오른쪽, above는 위, in front는 앞을 의미해요. 하지만 플레이어가 바라보고 있는 정확한 방향을 기준으로 하는 건 아니에요. 예를 들어 플레이어가 동남쪽을 바라보고 있다고 해서 그 방향을 기준으로 하는 것이 아니라 더 가까운 동쪽이나 남쪽을 기준으로 하게 돼요.

블록 탐지하고 방위 보여주기

[만약 참 이면]을 가져온 뒤 명령블록 아래 을 네 번 눌러 네 가지 경우를 추가하세요.

[블록]-[블록 탐지]를 가져온 뒤 블록은 '바다랜턴', x좌푯값은 '3'으로 바꾸세요.

> **TIP**
> 동쪽(+x)으로 3칸에 바다랜턴이 있는지 확인하는 조건식이에요. 만약 조건식이 참이라면 플레이어가 바라보고 있는 곳은 동쪽이 돼요.

[플레이어]-[채팅창에 말하기]를 가져온 뒤 동쪽을 알려주는 메시지를 입력하세요.

같은 방법으로 다른 방향을 확인하는 조건식을 다음과 같이 작성하세요.

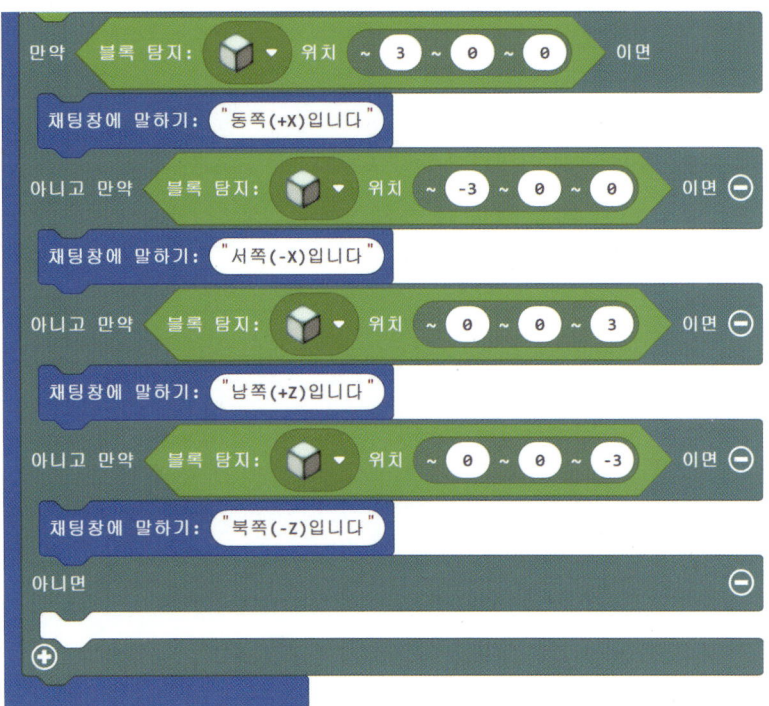

놓았던 블록 없애기

[아니면]의 ⊖를 눌러 마지막 경우를 지우세요.

[블록]-[블록 놓기]를 가져와 블록을 '공기'로 바꾸세요.

[위치]-[right, above, in front]를 가져와 좌푯값에 넣고 in front 값을 3으로 바꾸세요.

> **TIP** 공기블록을 놓는다는 것은 그 위치에 있는 블록을 없애는 것이에요.

실행하기

철제 삽 을 꺼내 손에 들고 마우스 오른쪽 클릭하세요.

플레이어가 바라보고 있는 방위가 무엇인지 채팅창에 보여줘요.

> **TIP** 플레이어 위치 기준으로 블록을 탐지하고 있기 때문에 마우스 오른쪽 클릭한 뒤 채팅 메시지가 나올 때까지 잠깐 기다리세요.

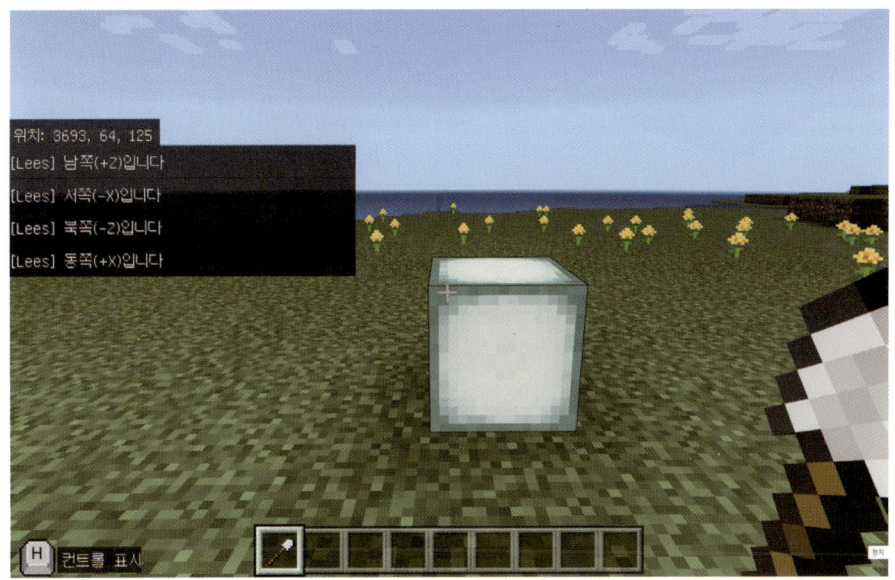

완성 코드 보기

18 : 차오르는 물, 홍수 대피하기

여름에 우리나라는 태풍과 장마로 비가 많이 내려요. 적당한 비는 꼭 필요하지만 폭우와 홍수는 위험해요. 골짜기에 차오르는 물을 코드로 구현해 보고 빠르게 대피해 보도록 할게요.

프로젝트 정보

난이도 ★★★☆☆   태그 #블록 #안전   관련 프로젝트 30

하나씩 따라하기

시작 위치 정하기

[플레이어]-[다음 채팅명령어를 입력하면]을 가져와 '실행'으로 바꾸세요.

[게임플레이]-[날씨 바꾸기]를 가져와 '비'로 바꾸세요.

[변수]-[변수 만들기]를 눌러 변수 '시작위치'를 약속하세요.

[변수]-[변수에 저장]을 가져오세요.

[플레이어]-[플레이어 절대좌표]를 가져와 변수 '시작위치'에 넣으세요.

> **TIP** 플레이어의 절대좌표를 물이 차오르는 시작 위치로 저장하는 것이에요.

```
다음 채팅명령어를 입력하면: "실행" ⊕
  날씨 바꾸기 비 ▼
  시작위치 ▼ 에 플레이어 절대좌표 저장
```

물블록으로 교체하기

[반복]-[0부터 까지의 index에 대해 실행]을 가져온 뒤 index값을 '20'까지로 바꾸세요.

[반복]-[일시중지]를 가져온 뒤 '5000'을 입력하세요.

[블록]-[다음 블록으로 교체]를 가져온 뒤 '공기'를 '물'로 교체하도록 블록을 바꾸세요.

> **TIP** 공기는 아무 블록이 없는 빈 공간을 뜻하기 때문에 블록이 없는 곳에 물이 놓이게 돼요.

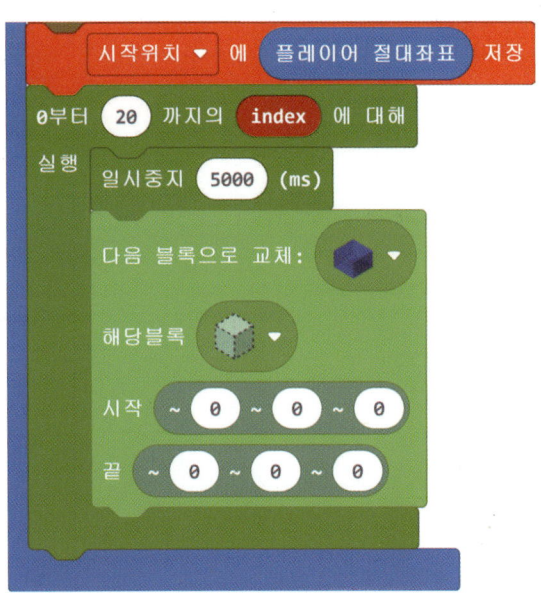

알아두기 : 대표적인 반복구조, '몇 번 반복'과 'index에 대한 반복'

반복문을 활용하면 똑같이 반복되는 작업을 간단한 코드로 쉽게 수행할 수 있어요. 몇 번 반복은 똑같은 명령을 여러 번 실행하지만 index에 대한 반복에는 변수 index가 있어서 다른 값으로 반복할 수 있다는 것이 달라요.

물을 채우는 좌표 정하기

[위치]-[좌표 더하기]를 두 번 가져와 시작과 끝좌표에 넣으세요.

[변수]-[시작위치]를 두 번 가져와 시작과 끝좌표의 첫 번째 좌푯값에 넣으세요.

[변수]-[index]를 두 번 가져와 시작과 끝좌표의 두 번째 y좌푯값에 넣으세요.

시작과 끝 좌표의 두 번째 x, z좌푯값은 20, 끝 좌표의 두 번째 x, z좌푯값은 -20으로 바꾸세요.

> **TIP** 반복 실행하면서 y좌표에 있는 변수 index가 커지기 때문에 물은 위로 채워져요.

[플레이어]-[채팅창에 말하기]를 가져오세요.

[고급]-[문자열]-[연결]을 가져와 채팅 내용에 넣고 ⊕를 눌러 칸을 추가하세요.

[변수]-[index], [계산]-[더하기]를 가져온 뒤 변수 index에 1을 더하는 식을 만드세요.

[연결]에 수면 높이를 알려주는 메시지를 작성하세요.

 **실행하기**

채팅명령어 '실행'을 입력하세요.

수면이 높아지는 것을 채팅창에서 확인하고 홍수를 피해 높은 곳으로 이동하세요.

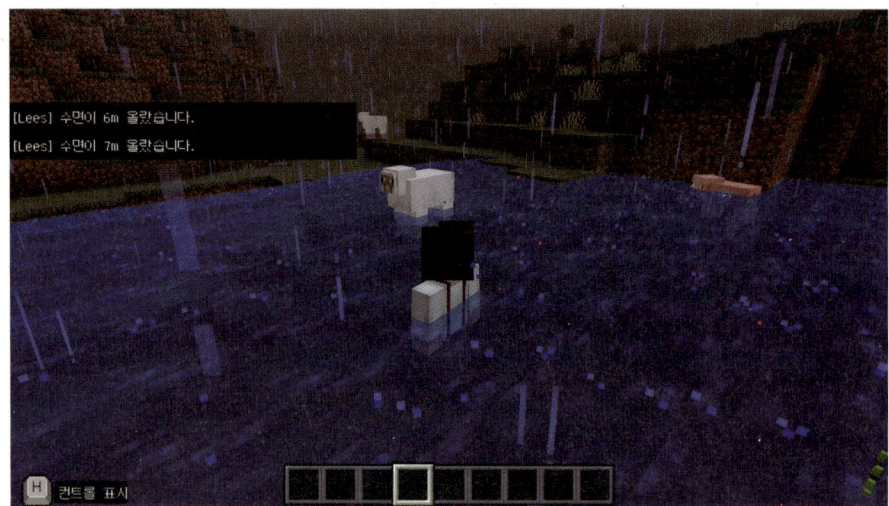

완성 코드 보기

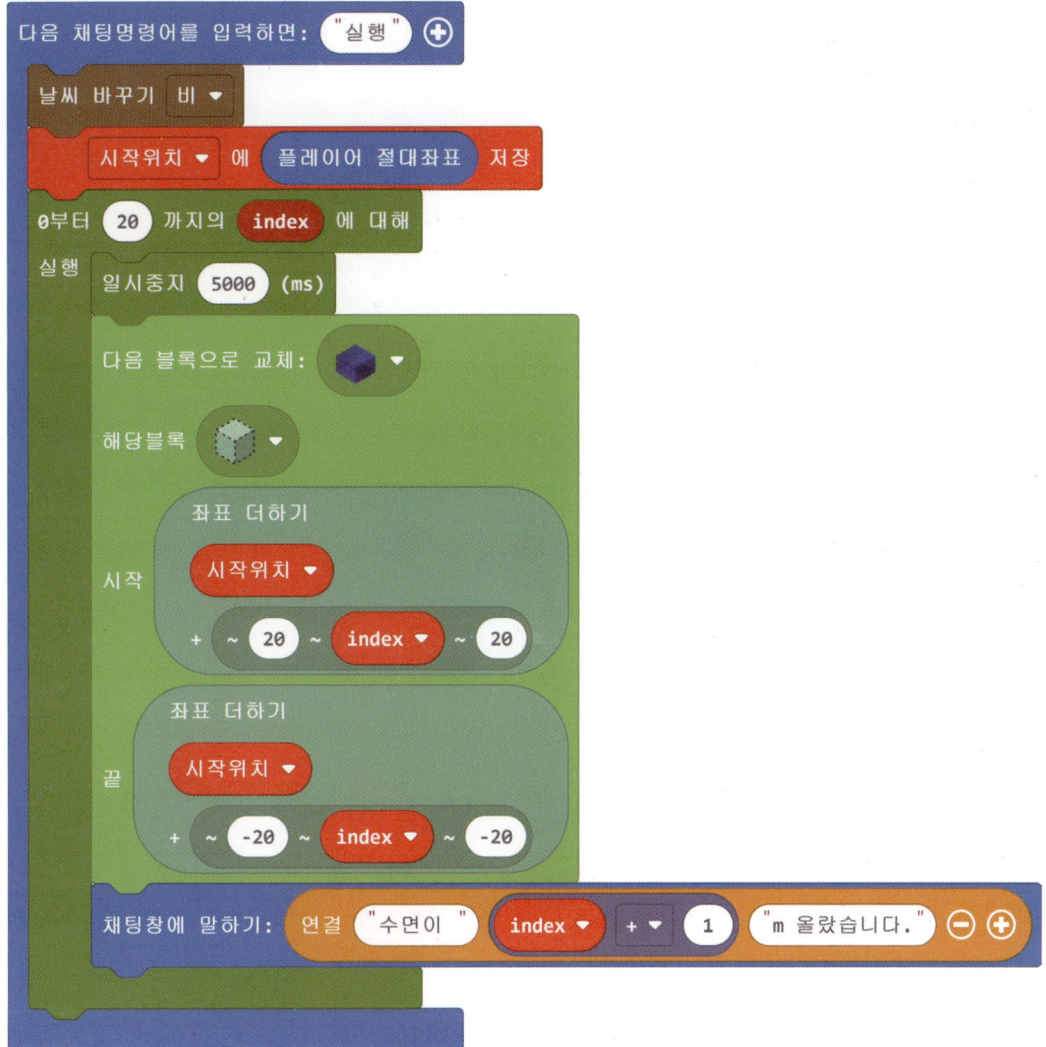

19 : 용암이 식어 만들어진 화성암 타워

화산에서 흘러내린 용암은 식어서 화성암이 돼요. 마인크래프트 월드의 용암도 물에 식어 돌이 돼요. 이를 활용하면 화성암으로 만들어진 타워를 쉽게 만들 수 있답니다.

프로젝트 정보

난이도 ★★★☆☆   태그 #모양 #과학   관련 프로젝트 7

하나씩 따라하기

시작 위치 정하기

[플레이어]-[다음 채팅명령어를 입력하면]을 가져와 '용암'으로 바꾸세요.

[변수]-[변수 만들기]를 눌러 변수 '시작위치'를 약속하세요.

[변수]-[변수에 저장]을 가져오세요.

[위치]-[좌표 더하기]를 가져와 변수 '시작위치'에 넣으세요.

[플레이어]-[플레이어 절대좌표]를 가져와 [좌표 더하기] 첫 번째 좌푯값에 넣고 더할 y좌푯값 '-4'를 입력하세요.

> **TIP** 플레이어의 절대좌표 아래 4칸에 타워를 만들어요.

```
다음 채팅명령어를 입력하면: "용암" ⊕
   시작위치 ▼ 에   좌표 더하기
                  플레이어 절대좌표      저장
                  + ~ 0  ~ -4  ~ 0
```

용암 만들기

[고급]-[모양]-[원 모양 만들기]를 가져오세요.

블록은 '조약돌', 반지름은 '5', 방향은 'y좌표(위쪽, 아래쪽)'으로 바꾸고 중심값에는 [변수]-[시작위치]를 가져와 넣으세요.

앞서 작성한 [원 모양 만들기]를 마우스 오른쪽 클릭한 뒤 복사하여 가져오세요.

가져온 [원 모양 만들기]의 블록은 '용암', 반지름은 '6', 모드타입은 '외곽선'으로 바꾸세요.

TIP 조약돌로 만들어진 원의 테두리에 용암이 만들어져요.

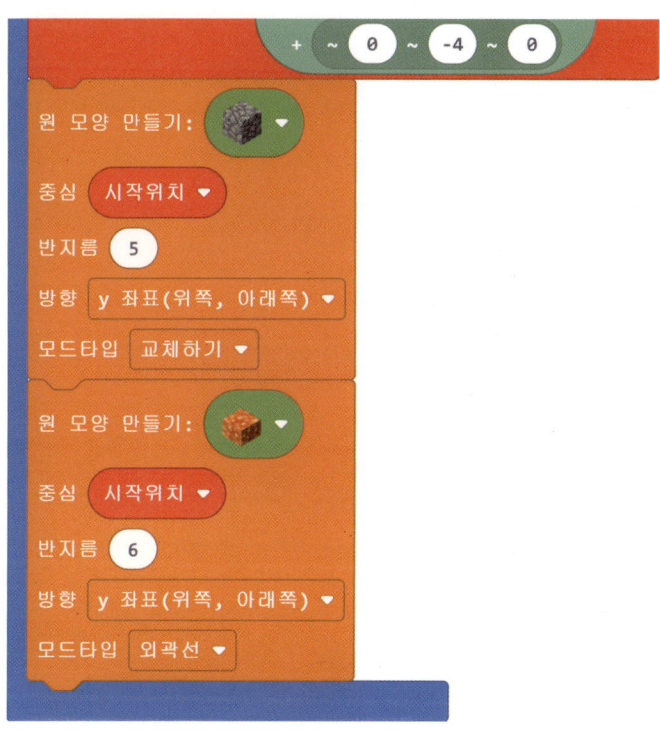

 물 만들기

[플레이어]-[다음 채팅명령어를 입력하면]을 가져와 '물'로 바꾸세요.

[고급]-[모양]-[원 모양 만들기]를 가져오세요.

블록은 '물', 반지름은 '6', 방향은 'y좌표(위쪽, 아래쪽)', 모드타입은 '외곽선'으로 바꾸세요.

[위치]-[좌표 더하기], [변수]-[시작위치]을 가져온 뒤 변수 '시작위치'에 y좌푯값 '1'을 더한 식을 중심값에 넣으세요.

[반복]-[일시중지]를 가져온 뒤 '3000'을 입력하세요.

앞서 작성한 [원 모양 만들기]를 선택한 뒤 마우스 오른쪽 클릭한 뒤 복사하여 가져오세요.

앞서 작성한 [원 모양 만들기]의 블록은 '조약돌', 반지름은 '7', 모드타입은 '교체하기'로 바꾸세요.

> **TIP** 원모양의 물이 충분히 흘러내리도록 3초 기다렸다가 다시 조약돌로 물을 없애요.

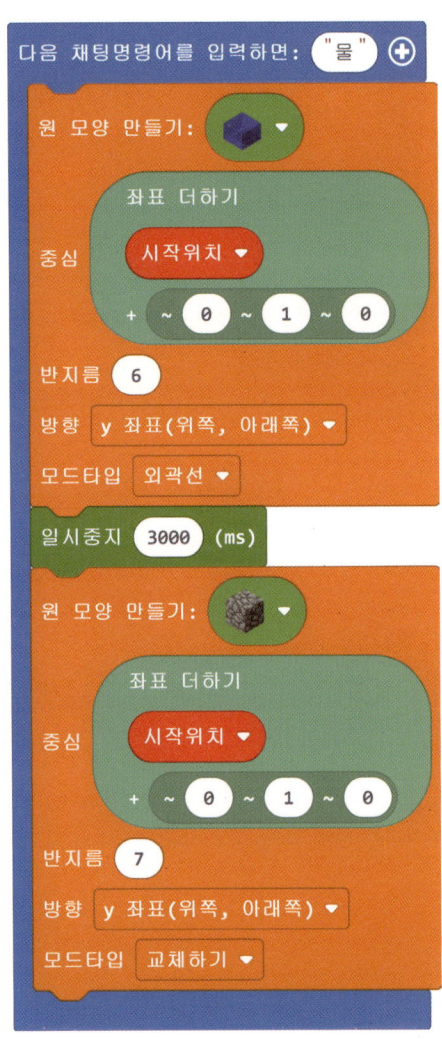

 실행하기

타워의 꼭대기가 될 위치로 올라간 뒤 채팅명령어 '용암'을 입력하세요.

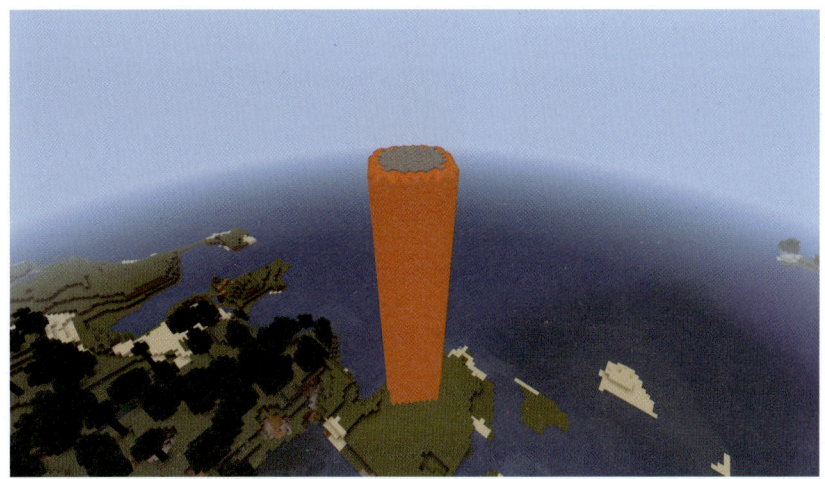

용암이 바닥에 닿을 정도가 되면 채팅명령어 '물'을 입력하세요.

물이 용암을 식히면서 타워가 만들어져요.

완성 코드 보기

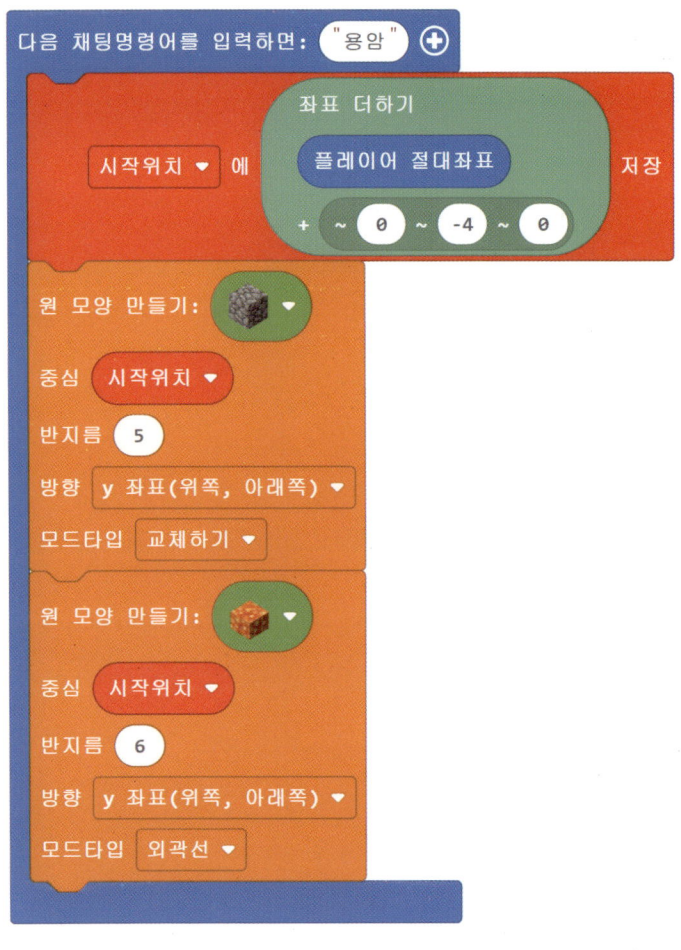
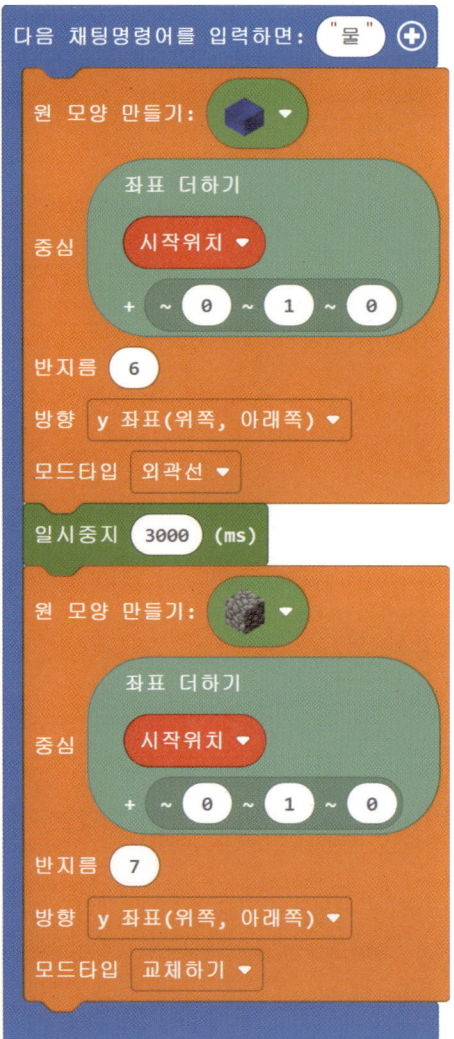

20 : 롤러코스터 시뮬레이터

롤러코스터는 높은 곳에서 위치에너지를 얻고 다시 아래로 떨어지면 위치에너지가 운동에너지로 바뀌는 원리로 움직여요. 즉, 롤러코스터가 높이 올라갈수록 속도가 빨라진다는 뜻이죠. 그렇다면 광산 수레로 롤러코스터를 만들면 얼마나 멀리 갈 수 있을까요?

프로젝트 정보

난이도 ★★★☆☆　　　태그 #모양 #과학　　　관련 프로젝트 37

하나씩 따라하기

1 롤러코스터의 길이와 높이 정하기

[플레이어]-[다음 채팅명령어를 입력하면]을 가져와 '실행'으로 바꾸세요.

[다음 채팅명령어를 입력하면]의 을 두 번 눌러 변수 두 개를 추가하세요.

추가된 `num1 ▼` - `변수 이름 바꾸기...`를 눌러 이름을 '길이'로 바꾸세요.

같은 방법으로 `num2 ▼`의 이름을 '높이'로 바꾸세요.

[논리]-[만약 참이면 아니면]을 가져오세요.

[논리]-[비교 연산], [계산]-[절댓값], [변수]-[길이], [높이]를 가져와 다음과 같이 조건식을 작성하세요.

> **TIP** 0에서부터 어떤 수까지의 거리를 절댓값이라고 해요. 예를 들어 4와 -4의 절댓값은 4로 같아요.

[플레이어]-[채팅창에 말하기]를 가져와 [아니면]에 넣고 실행 가능한 조건식의 내용을 입력하세요.

```
다음 채팅명령어를 입력하면: "실행"  길이 ▼  높이 ▼  ⊕
  만약  < 길이 ▼  ≥ ▼  < 높이 ▼ 의 절댓값 >  이면
  
  아니면                                              ⊖
    채팅창에 말하기: "길이가 높이보다 같거나 크도록 하세요."
  ⊕
```

> **알아두기** 롤러코스터의 길이와 높이의 뜻

롤러코스터의 레일 모양을 직각삼각형으로 봤을 때 높이가 길이보다 크면 레일이 설치되지 않기 때문에 만들 수 없어요. 그리고 올라가는 코스에서는 높이에 (+)가 붙고 내려가는 코스에서는 (-)를 붙여요.

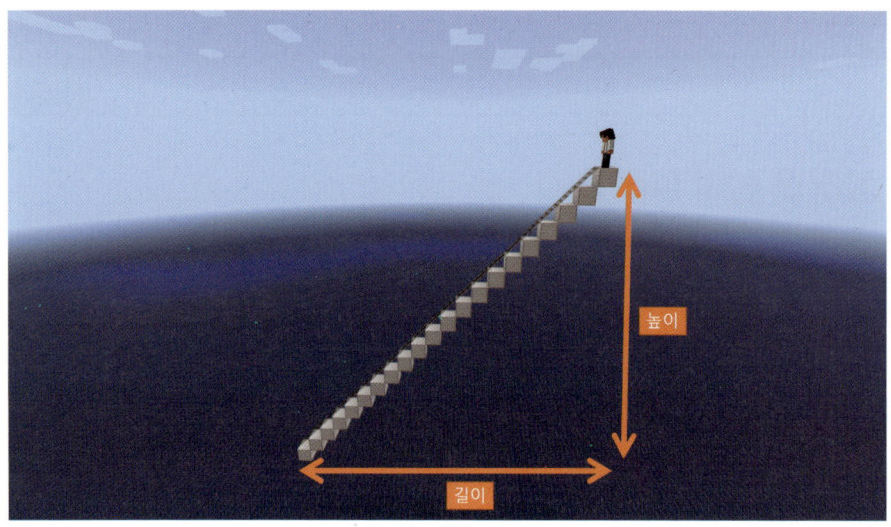

2 레일 만들기

[고급]-[모양]-[선 모양 만들기]를 가져오세요.

블록을 철블록으로 바꾸고 [위치]-[right, above, in front]를 두 번 가져와 시작과 끝 좌푯값에 넣으세요.

[계산]-[빼기], [변수]-[높이], [길이]를 가져와 다음과 같이 좌푯값을 입력하세요.

> **TIP** 레일 아래에 철블록을 설치하므로 플레이어 한 칸 아래부터 만들어요.

앞서 작성한 [선 모양 만들기]를 마우스 오른쪽 클릭한 뒤 복사하여 가져오세요.

가져온 [선 모양 만들기]의 블록은 '레일', 시작 y좌푯값은 '0', 끝 y좌푯값은 변수 '높이'로 바꾸세요.

> **TIP** 플레이어가 바라보고 있는 쪽으로 변수 '높이'와 '길이' 값에 따라 철블록과 레일이 선 모양으로 만들어요.

③ 실행하기

만들고 싶은 롤러코스터 모양을 생각하며 채팅명령어를 입력해 보세요.

채팅명령어 '실행 20 10'를 입력했을 때

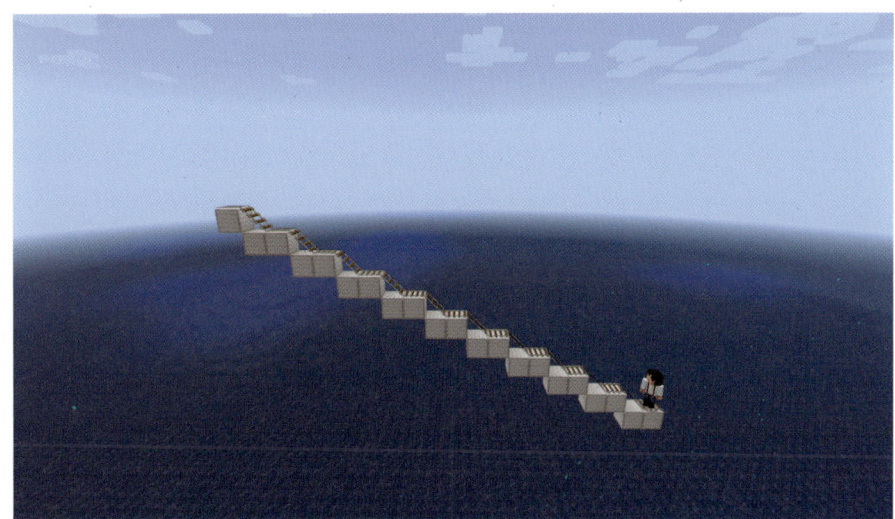

채팅명령어 '실행 20 -20'을 입력했을 때

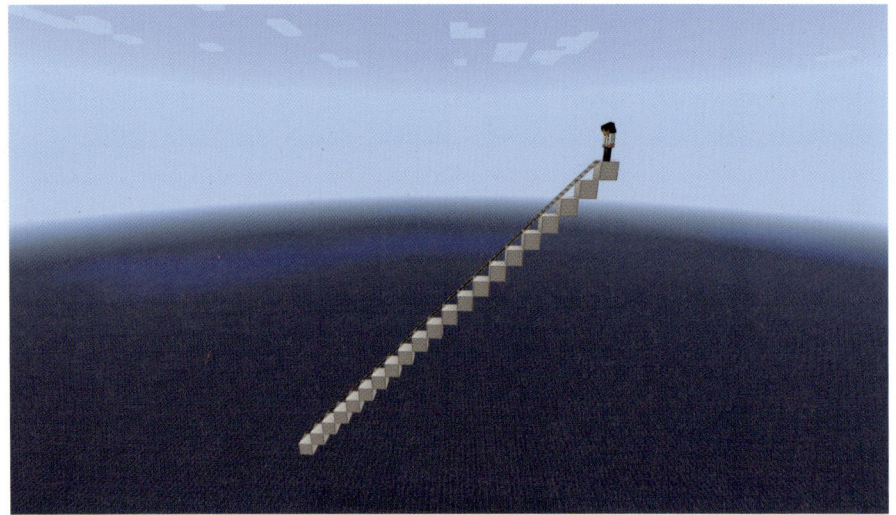

채팅명령어 '실행 20 0'을 입력했을 때

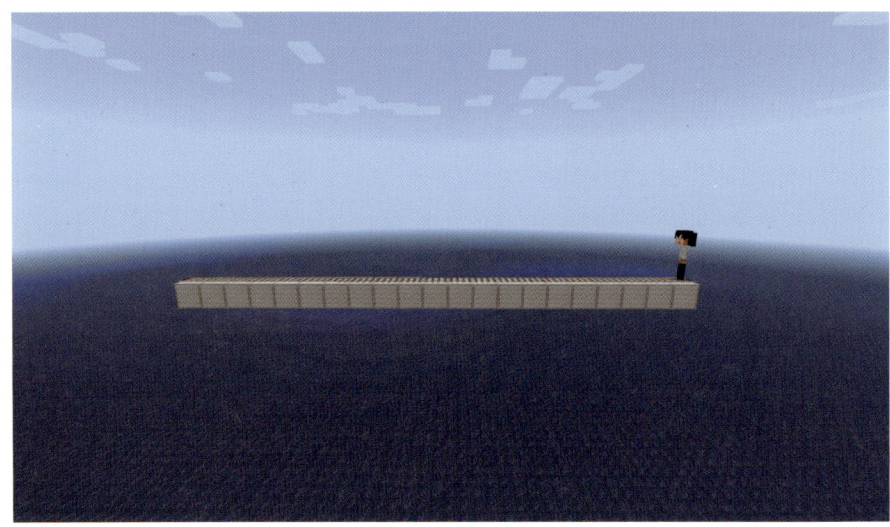

원하는 롤러코스터를 만들었다면 광산 수레를 타고 체험해 보세요.

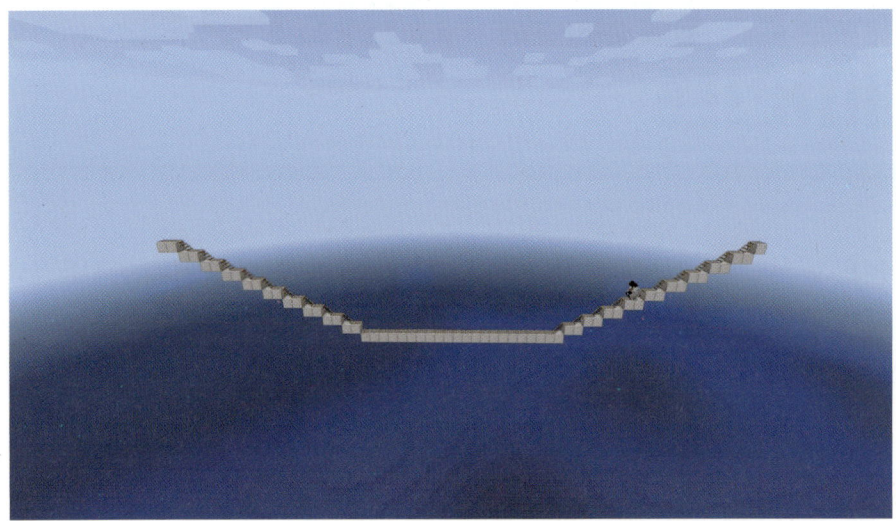

완성 코드 보기

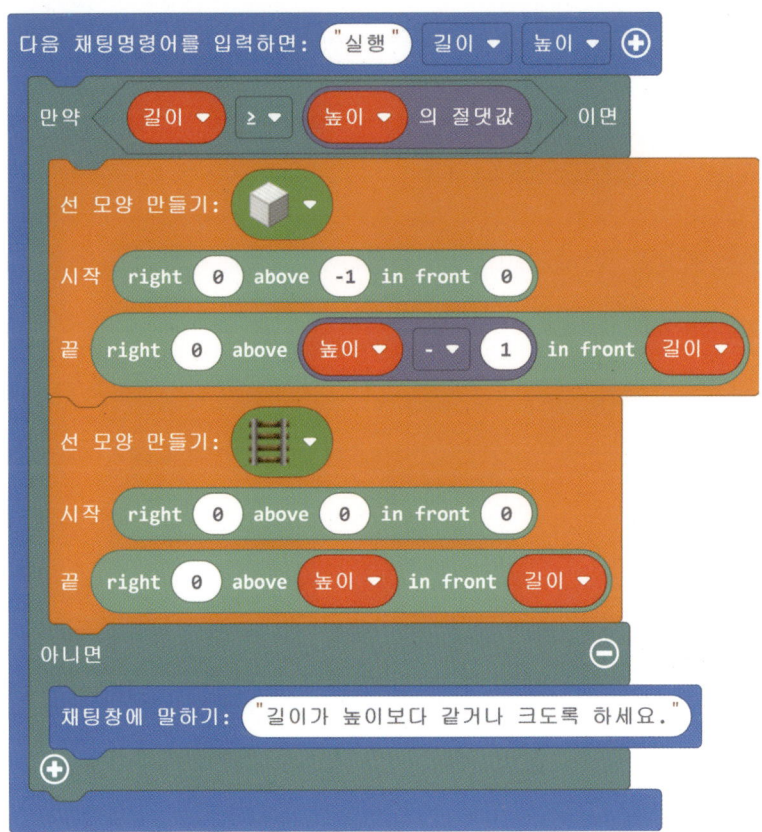

21 : 채굴한 광물을 가져다주는 에이전트

광물을 얻는 채굴 작업은 반복되는 지루한 일이지만 생존을 위해 꼭 필요해요. 에이전트를 활용하면 쉽고 빠르게 광물을 얻을 수 있어요. 에이전트가 얻은 광물의 이름을 알려주고 플레이어에게 직접 가져다주도록 해볼게요.

프로젝트 정보

난이도 ★★★☆☆ 　　　태그 #에이전트 #자동화 　　　관련 프로젝트 33, 39

하나씩 따라하기

채굴시키기

[플레이어]-[다음 채팅명령어를 입력하면]을 가져와 '실행'으로 바꾸세요.

[에이전트]-[에이전트가 이동한 곳에 블록 놓기]를 가져온 뒤 '장애물을 파괴하기', '켜기'로 바꾸세요.

[반복]-[반복 실행]을 가져온 뒤 반복 횟수를 '10'으로 바꾸세요.

[에이전트]-[에이전트가 이동 방향 거리]를 가져오세요.

[에이전트]-[에이전트가 이동 방향 거리]를 가져온 뒤 방향을 '아래로' 바꾸세요.

[에이전트]-[에이전트가 모든 블록 수집하기]를 가져오세요.

> **TIP** 에이전트가 계단을 내려가듯이 채굴을 하며 모든 블록을 수집해요.

> **알아두기** 에이전트의 동작을 약속하기
>
> [에이전트가 장애물을 파괴하기]를 약속하면 앞으로 에이전트 동작에 계속 적용돼요. 에이전트가 블록을 파괴하라는 명령을 따로 작성하지 않아도 되기 때문에 편리해요.

2 채굴한 광물 이름 말하기

[반복]-[0부터 까지의 index에 대해 실행]를 가져온 뒤 index값을 '27'까지로 바꾸세요.

[논리]-[만약 참 이면]을 가져온 뒤 [논리]-[비교 연산]을 조건식에 넣으세요.

[블록]-[블록]을 가져와 '공기'로 바꾸세요.

[에이전트]-[에이전트가 슬롯 1에서 물건의 이름을 가져오기]를 가져온 뒤 [변수]-[index]를 슬롯값에 넣으세요.

> **TIP** 에이전트 슬롯은 에이전트의 소지품 칸 번호를 의미해요. 슬롯은 0번부터 27번까지 있어요.

다음과 같이 '공기'와 에이전트 슬롯값이 같지 않을 때를 의미하는 조건식을 작성하세요.

[플레이어]-[채팅창에 말하기]를 가져오세요.

[블록]-[name of block]을 가져온 뒤 [에이전트가 슬롯 index에서 물건의 이름을 가져오기]를 블록에 넣으세요.

> **TIP** 에이전트의 슬롯이 비어 있지 않다면(공기블록이 아니면) 에이전트 슬롯에 있는 물건의 이름을 알려줘요.

에이전트가 플레이어에게 광물 주기

[에이전트]-[에이전트가 플레이어에게 텔레포트]를 가져오세요.

[에이전트]-[에이전트가 앞으로 에 모든 아이템 버리기]를 가져오세요.

 실행하기

에이전트의 바닥에 위치시키고 채팅명령어 '실행'을 입력하세요.

에이전트가 채굴을 마치면 채팅창에 채굴한 광물의 이름이 나오고 모든 광물을 앞으로 떨어뜨려요.

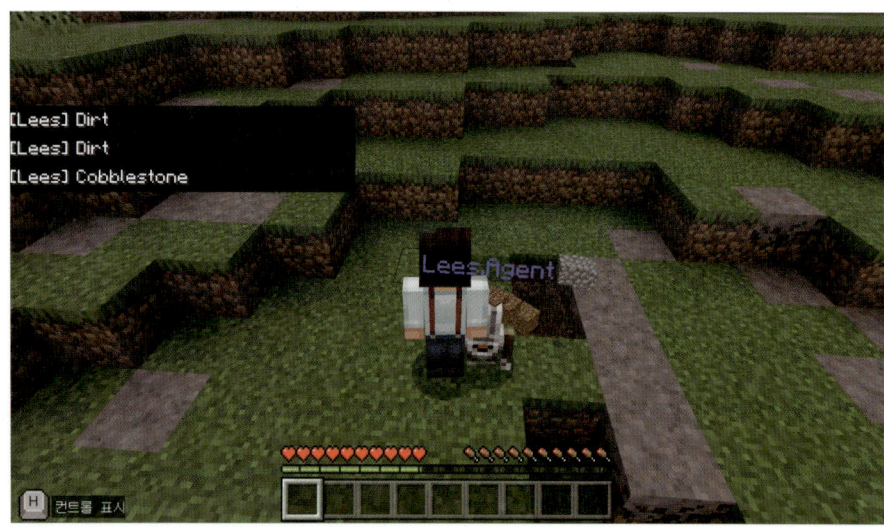

완성 코드 보기

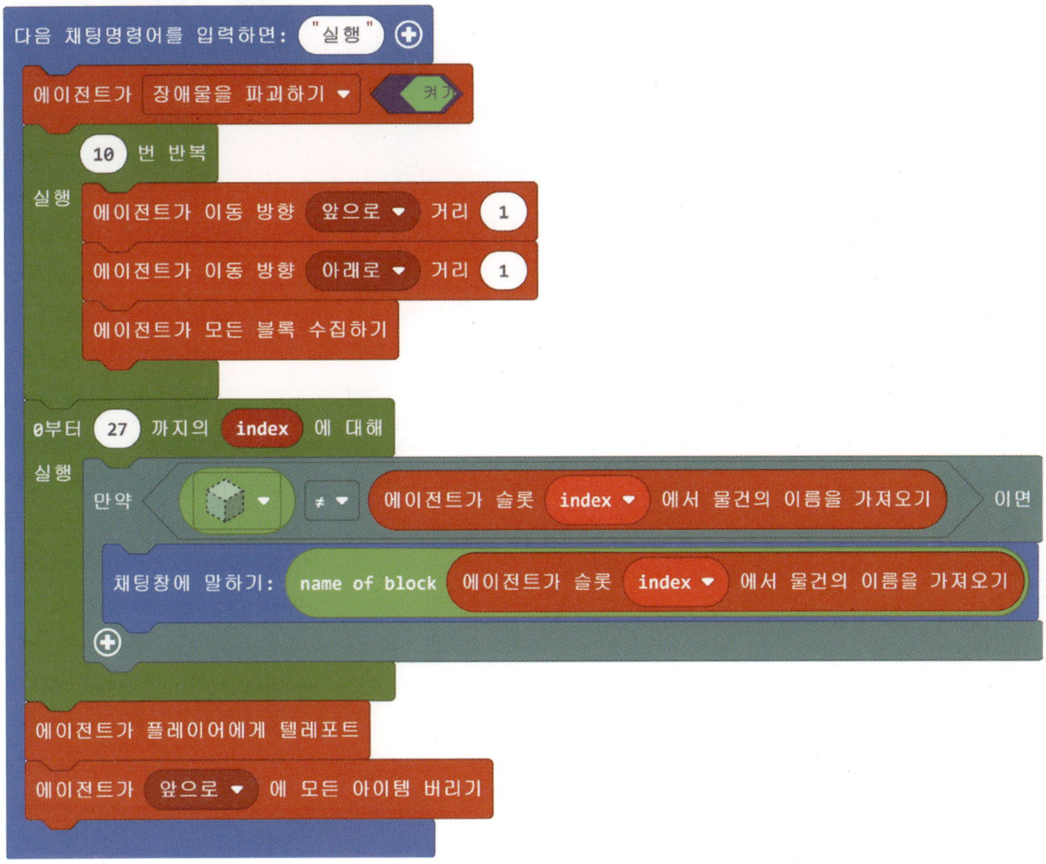

다음 채팅명령어를 입력하면: "실행"

에이전트가 장애물을 파괴하기 ▼ 켜기

10 번 반복
실행
- 에이전트가 이동 방향 앞으로 ▼ 거리 1
- 에이전트가 이동 방향 아래로 ▼ 거리 1
- 에이전트가 모든 블록 수집하기

0부터 27 까지의 index 에 대해
실행
- 만약 ⬜ ≠ ▼ 에이전트가 슬롯 index ▼ 에서 물건의 이름을 가져오기 이면
  - 채팅창에 말하기: name of block 에이전트가 슬롯 index ▼ 에서 물건의 이름을 가져오기

에이전트가 플레이어에게 텔레포트
에이전트가 앞으로 ▼ 에 모든 아이템 버리기

22 : 순식간에 내리치는 벼락 기둥

야생의 몬스터를 상대하기 위해서는 다양한 무기를 잘 활용해야 해요. 마법소환 명령블록을 활용하면 나만의 마법 무기 아이템을 만들 수 있어요. 내리치는 벼락 기둥을 만들어 몬스터를 공격해 보세요.

프로젝트 정보

난이도 ★★★☆   태그 #몹 #전투   관련 프로젝트 12

하나씩 따라하기

반복 횟수 정하기

[플레이어]-[만약 아이템 사용하면]을 가져온 뒤 아이템을 '황금검'으로 바꾸세요.

[반복]-[0부터 까지의 index에 대해 실행]를 가져온 뒤 index값을 '30'으로 바꾸세요.

번개 소환하기

[몹]-[소환 동물을 위치]를 가져오세요.

[몹]-[마법 발사]를 가져와 [소환 동물을 위치]의 동물 값에 넣고 '라이트닝 볼트'로 바꾸세요.

[위치]-[^0 ^0 ^0]을 가져와 [소환 동물을 위치]의 좌푯값에 넣으세요.

[계산]-[더하기], [변수]-[index]를 가져와 변수 index에 '3'을 더한 식을 마지막 좌푯값에 넣으세요.

앞서 작성한 [소환 마법 발사 라이트닝 볼트를 위치]를 마우스 오른쪽 클릭한 뒤 복사하여 가져오세요.

복사한 명령블록의 첫 번째 좌푯값은 '1', 변수 'index'에 더한 값은 '2'로 바꾸세요.

앞서 작성한 명령블록을 한 번 더 복사한 뒤 첫 번째 좌푯값을 '-1'로 바꾸세요.

> **TIP** 반복 실행하면서 Index는 커지고 번개는 플레이어로부터 점점 멀어져요. 번개는 한 칸씩 떨어진 위치에서 3개씩 소환돼요.

> **알아두기** 플레이어가 바라보는 방향 기준 좌표 [^ ^ ^]
>
> [^ ^ ^]과 [right, above, in front]는 플레이어가 바라보는 방향을 기준으로 한다는 점에서 같지만 [right, above, in front]는 가까운 축의 방향을 의미하고 (^ ^ ^)은 플레이어가 바라보고 있는 방향 그대로를 나타낸다는 점에서 달라요.

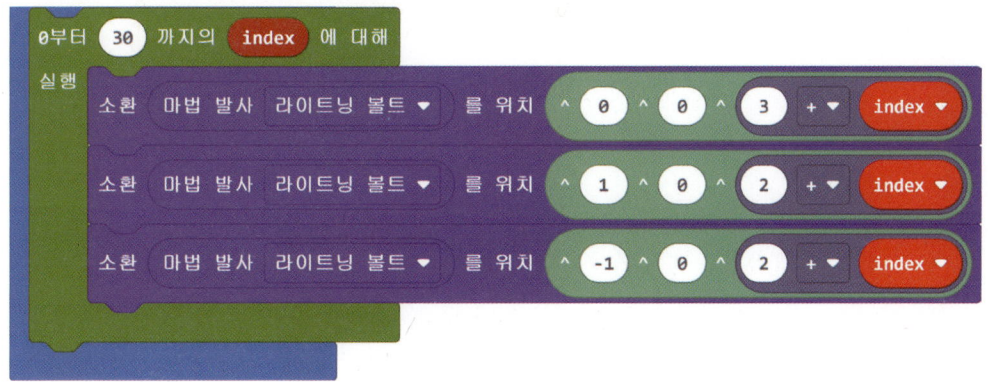

③ 실행하기

황금 검을 꺼내 손에 들고 마우스 오른쪽 클릭하세요.

플레이어가 바라보는 방향을 바꿔보면서 번개가 소환되는 위치를 확인하세요.

> **TIP** 번개는 강력한 피해를 주는 마법 공격이에요. 멀리 있는 몹을 겨냥해서 벼락 기둥을 소환해 보세요.

완성 코드 보기

만약 아이템 사용하면
0부터 30 까지의 index 에 대해 실행
 소환 마법 발사 라이트닝 볼트 를 위치 ^0 ^0 ^3 + index
 소환 마법 발사 라이트닝 볼트 를 위치 ^1 ^0 ^2 + index
 소환 마법 발사 라이트닝 볼트 를 위치 ^-1 ^0 ^2 + index

23 : 하늘에서 내리는 모래 계단 파쿠르

장애물을 피하고 넘으며 빠르게 이동하는 파쿠르 게임은 마인크래프트 미니게임 중에서도 특히 인기가 많아요. 파쿠르 게임의 규칙은 간단하지만 순간적인 판단과 숙련된 조작 기술이 필요해요. 떨어져 내리는 모래를 밟으며 이동하는 파쿠르 게임을 만들어 볼게요.

프로젝트 정보

난이도 ★★★☆☆   태그 #빌더 #파쿠르   관련 프로젝트 24

하나씩 따라하기

① 빌더 불러오기

[플레이어]-[다음 채팅명령어를 입력하면]을 가져와 '실행'을 입력하세요.

[고급]-[빌더]-[빌더 텔레포트]를 가져와 y좌표를 '40'으로 바꾸세요.

> **TIP** 빌더를 플레이어 위 40칸으로 이동시켜요.

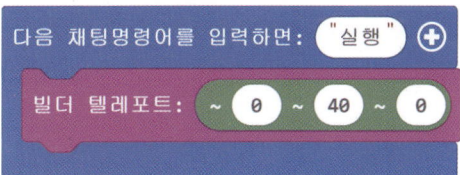

> **알아두기** 건축 전문가 빌더(builder)
>
> 빌더 카테고리에는 블록 놓기, 채우기 등 건축과 관련된 명령블록이 많이 있어요. 빌더는 보이지 않지만 자신의 위치에 블록을 놓을 수 있기 때문에 에이전트가 블록을 놓는 것보다 빠르고 편리한 점이 있어요.

 빌더 이동하기

[반복]-[0부터 까지의 index에 대해 실행]를 가져온 뒤 index값을 '40'까지로 바꾸세요.

[고급]-[빌더]-[빌더 이동 앞으로 위로 왼쪽으로], [계산]-[정수 랜덤값]을 가져와 다음과 같이 이동값을 작성하세요.

> **TIP** 빌더는 앞으로 1~2칸, 왼쪽 1칸에서 오른쪽 1칸까지 이동해요.

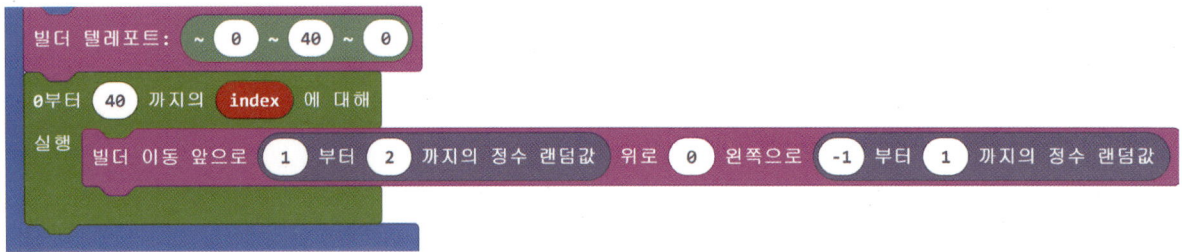

빌더 블록 놓기

[반복]-[반복 실행]을 가져온 뒤 [변수]-[index]를 가져와 반복 횟수에 넣으세요.

[고급]-[빌더]-[블록 놓기]를 반복 안으로 가져와 블록을 '모래'로 바꾸세요.

[고급]-[빌더]-[블록 놓기]를 가져와 블록을 '붉은 모래'로 바꾸세요.

> **TIP** 마지막에 붉은 모래를 놓아 도착점을 표시해요.

 실행하기

채팅명령어 '실행'을 입력하세요.

모래가 떨어지기 시작하면 파쿠르를 시작하고 빠르게 마지막 도착점까지 이동하세요.

> **TIP** 모래 계단이 일정하게 위치하도록 평면 월드에서 실행하는 것이 좋아요.

모래가 떨어지는 모습

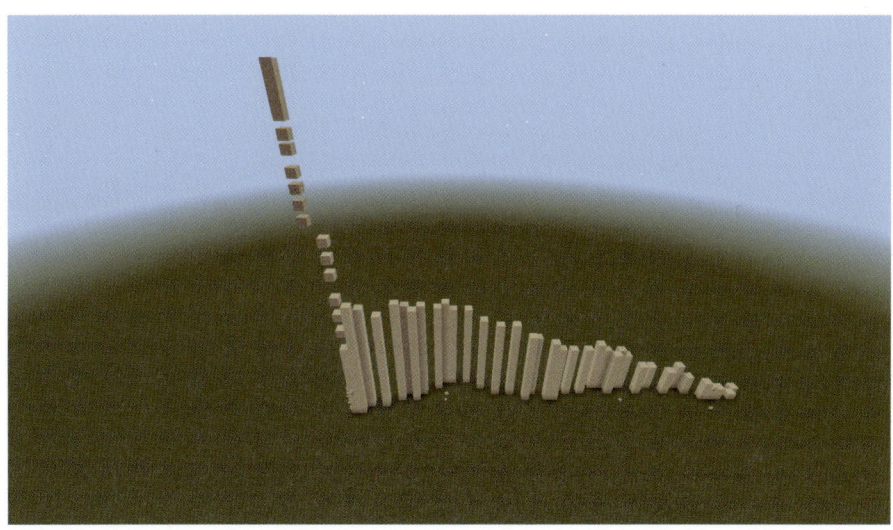

모든 모래 계단이 설치된 모습

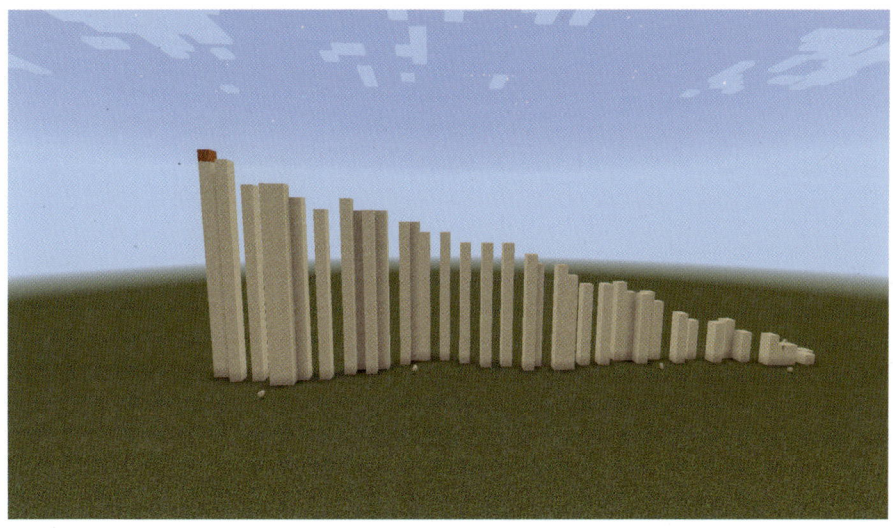

완성 코드 보기

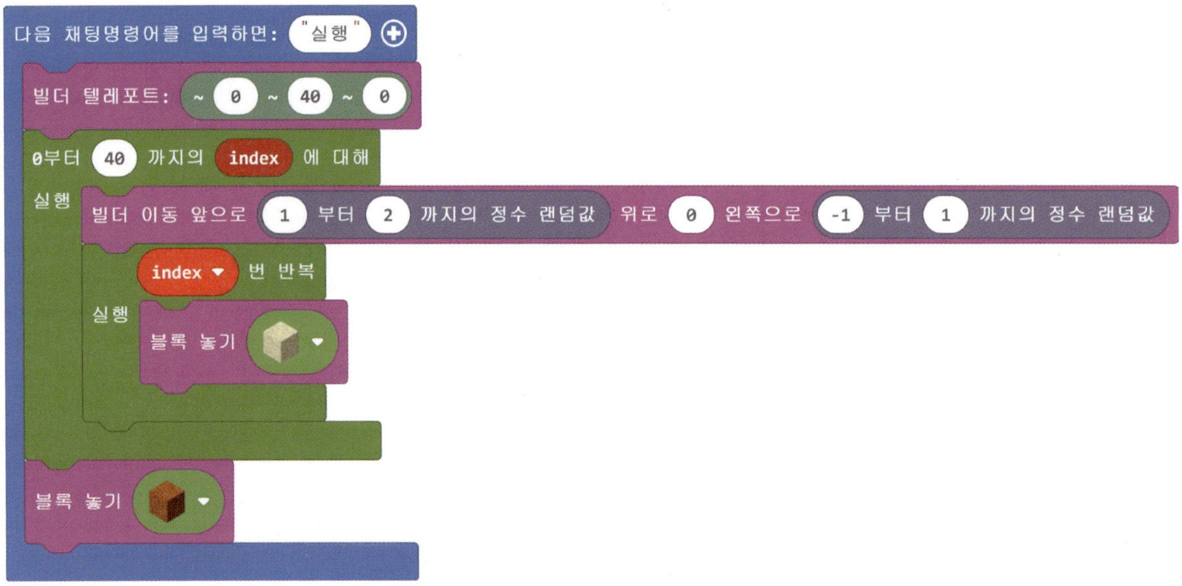

다음 채팅명령어를 입력하면: "실행"
빌더 텔레포트: ~ 0 ~ 40 ~ 0
0부터 40까지의 index에 대해
실행 빌더 이동 앞으로 1 부터 2 까지의 정수 랜덤값 위로 0 왼쪽으로 -1 부터 1 까지의 정수 랜덤값
  index 번 반복
  실행 블록 놓기
블록 놓기

24 : 땅이 흔들리고 갈라지는 지진

지진은 지구의 지각이 흔들리면서 발생하는 자연재해예요. 지진이 일어나면 해일이나 화산폭발이 같이 일어나기도 해요. 화면이 흔들리고 바닥이 갈라지면서 용암이 나타나도록 코딩으로 지진을 만들어 볼게요.

프로젝트 정보

난이도 ★★★☆☆　　　태그 #빌더 #과학　　　관련 프로젝트 23

하나씩 따라하기

함수 약속하기

[고급]-[함수]-[함수 만들기]를 눌러 함수 '용암'을 약속하세요.

[고급]-[빌더]-[빌더 텔레포트]를 가져와 좌표를 (1, -5, 1)로 바꾸세요.

[빌더]-[빌더 위치마크 생성]를 가져오세요.

[반복]-[반복 실행]을 가져온 뒤 반복 횟수를 10으로 바꾸세요.

[고급]-[빌더]-[빌더 이동 앞으로 위로 왼쪽으로], [계산]-[정수 랜덤값]을 가져와 다음과 같이 이동값을 작성하세요.

[고급]-[빌더]-[빌더 위치마크부터 벽 세우기 높이]를 가져와 블록은 '용암', 높이는 5로 바꾸세요.

> **TIP** 빌더가 위치마크를 생성한 곳부터 이동한 곳까지 위로 5칸 높이의 용암을 만들어요.

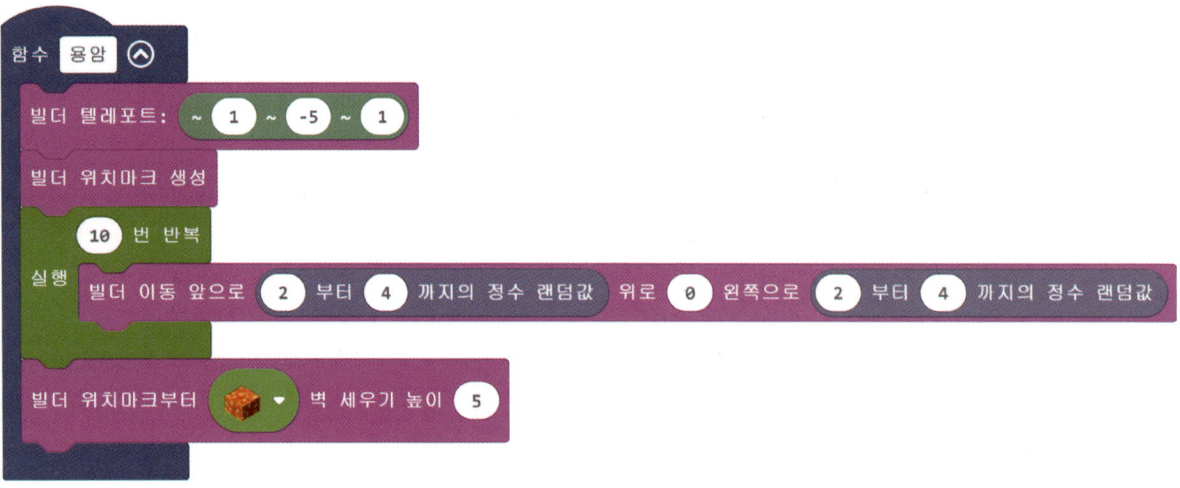

> **알아두기** 코드를 모아서 약속하는 함수(function)

함수는 여러 번 사용하려는 코드가 있을 때 약속하면 좋아요. 함수는 [다음 채팅명령어를 실행]과 달리 변수를 추가해서 사용할 수 있어요.

2 화면 흔들림 만들기

[플레이어]-[다음 채팅명령어를 입력하면]을 가져와 '실행'을 입력하세요.

[플레이어]-[다음 치트키 실행]을 가져온 뒤 다음과 같이 명령어를 입력하세요.

> **TIP** 10초 동안 강도 3으로 화면이 흔들려요.

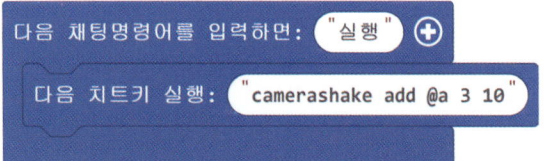

> **알아두기** 화면 흔들림을 명하는 명령어 /camerashake

/camerashake add ⟨@대상⟩ [흔들림 정도] [시간(초)]

화면을 흔들어서 다양한 연출을 할 수 있는 명령어예요. 흔들림 정도는 0~4 사이에서 정할 수 있어요.

함수 호출하기

[고급]-[빌더]-[빌더가 바라보기]를 가져오세요.

[고급]-[함수]-[함수호출 용암]을 가져오세요.

[고급]-[빌더]-[빌더가 바라보기]를 가져온 뒤 방향을 '동쪽(+x)'으로 바꾸세요.

같은 방법으로 다음과 같이 코드를 작성하세요.

> **TIP** 네 방향으로 함수 용암을 실행하기 때문에 빌더가 네 개로 갈라진 용암을 만들어요.

 ## 실행하기

플레이어가 바닥에 위치한 뒤 채팅명령어 '실행'을 입력하세요.

화면이 흔들리면서 생기는 용암을 확인하세요.

> **TIP** 용암 때문에 주변에 불이 붙기도 해요. 플레이어가 용암에 빠지지 않도록 조심하세요.

완성 코드 보기

다음 채팅명령어를 입력하면: "실행" ⊕
다음 치트키 실행: "camerashake add @a 3 10"
빌더가 바라보기 서쪽(-X)
함수호출 용암
빌더가 바라보기 동쪽(+X)
함수호출 용암
빌더가 바라보기 북쪽(-Z)
함수호출 용암
빌더가 바라보기 남쪽(+Z)
함수호출 용암

함수 용암
빌더 텔레포트: ~ 1 ~ -5 ~ 1
빌더 위치마크 생성
10 번 반복
실행 빌더 이동 앞으로 2 부터 4 까지의 정수 랜덤값 위로 0 왼쪽으로 2 부터 4 까지의 정수 랜덤값
빌더 위치마크부터 🟧 ▼ 벽 세우기 높이 5

25 : 외길을 달려라! 달팽이 놀이

달팽이 놀이는 나선형 모양의 길을 따라 이동해 상대편의 집을 차지하면 이기는 놀이예요. 길을 따라 이동하다 상대편을 만나면 가위바위보를 하고 지면 자기의 집으로 돌아가야 해요. 마인크래프트 월드에서 즐길 수 있는 달팽이 놀이를 만들어 볼게요.

프로젝트 정보

난이도 ★★★☆☆   태그 #빌더 #게임제작   관련 프로젝트 35

하나씩 따라하기

시작 준비하기

[플레이어]-[다음 채팅명령어를 입력하면]을 가져와 '실행'을 입력하세요.

[플레이어]-[다음 치트키 실행]을 두 번 가져온 뒤 다음과 같이 명령어를 입력하세요.

> **TIP** 서바이벌 모드로 게임모드를 바꾸고 플레이어의 현재 위치를 리스폰(부활) 위치로 설정해요.

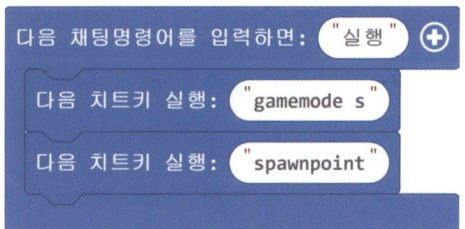

| 알아두기 | 서바이벌 모드 게임 준비 명령어 /gamemode, /spawnpoint |

/gamemode <모드> [@대상]

대상의 게임모드를 바꾸는 명령이에요. [@대상]에 아무것도 입력하지 않으면 자기 자신에게 적용되고 s는 서바이벌, c는 크레이티브 모드를 뜻해요.

/spawnpoint [@대상] [좌표]

플레이어가 죽었을 때 되살아나는 좌표를 정하는 명령어예요. [@대상]과 [좌표]에 아무것도 입력하지 않으면 현재 자신의 위치가 리스폰 좌표가 돼요.

시작점 놓기

[고급]-[빌더]-[빌더 텔레포트]를 가져와 y좌표를 '-1'로 바꾸세요.

[고급]-[빌더]-[빌더가 바라보기]를 가져오세요.

[고급]-[빌더]-[블록 놓기]를 가져와 블록을 '다이아몬드블록'으로 바꾸세요.

> **TIP** 빌더가 플레이어 아래 한 칸에 다이아몬드블록을 놓아 시작점을 표시해요.

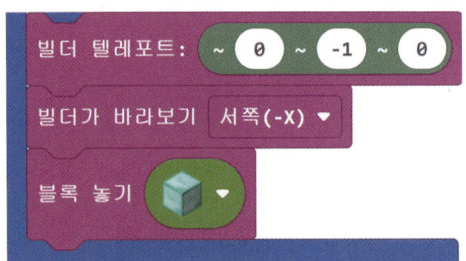

달팽이 길 만들기

[반복]-[0부터 까지의 index에 대해 실행]을 가져온 뒤 index값을 '10'까지로 바꾸세요.

[반복]-[반복 실행]을 가져온 뒤 반복 횟수에 [변수]-[index]를 가져와 넣으세요.

[고급]-[빌더 이동 방향 거리]를 [반복 실행] 아래로 가져오세요.

[고급]-[빌더]-[블록 놓기]를 가져와 블록을 '철블록'으로 바꾸세요.

[고급]-[빌더]-[빌더 돌기]를 [반복 실행] 밖으로 가져오세요.

> **TIP** 빌더가 블록을 놓고 회전해요. 회전할 때마다 빌더가 놓는 블록 개수(index)는 커지기 때문에 나선형 모양으로 길이 만들어져요.

[고급]-[빌더]-[블록 놓기]를 [0부터 까지의 index에 대해 실행] 아래로 가져온 뒤 블록을 '황금블록'으로 바꾸세요.

> **TIP** 마지막 철블록이 있던 위치에 다시 황금블록을 놓아 도착지를 표시해요.

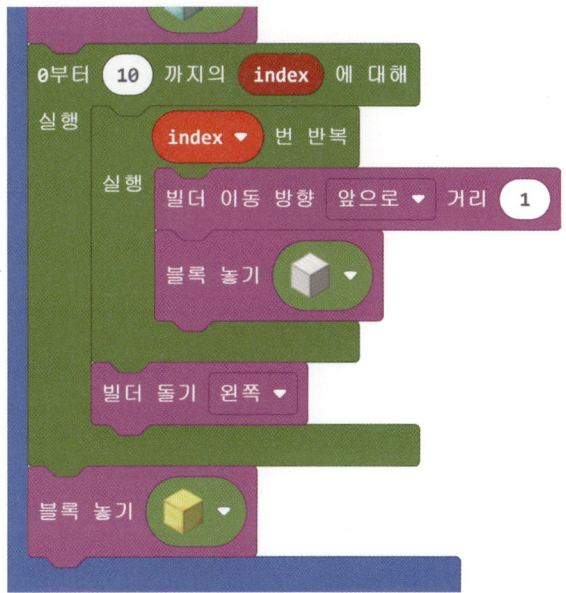

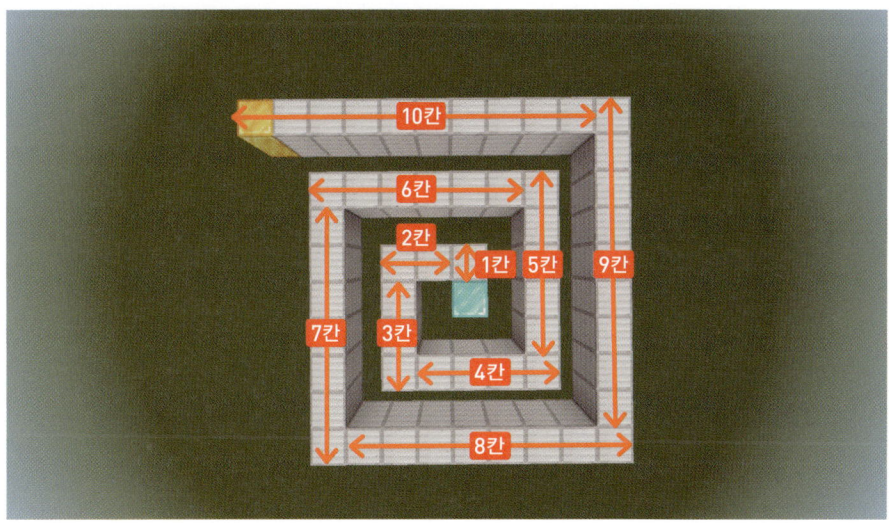

효과 부여하기

[플레이어]-[플레이어가 걷고 있으면 실행]을 가져온 뒤 [떨어지고]로 바꾸세요.

[몹]-[다음 효과 부여하기]를 가져온 뒤 효과는 '구속', 대상은 '자기 자신', 지속 시간은 5, 배수는 5로 바꾸세요.

> **TIP** 플레이어가 점프를 하면 구속 효과에 걸려 움직일 수 없어요. 이렇게 하면 플레이어가 점프해서 길을 넘어가지 못해요.

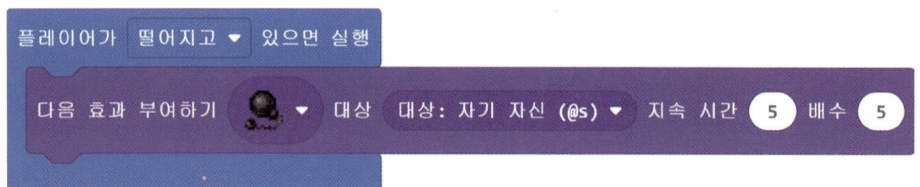

 ## 실행하기

바닥에서 30칸 정도 위로 올라가 채팅명령어 '실행'을 입력하세요.

점프를 하지 말고 길을 따라 황금블록까지 빠르게 이동하세요.

> **TIP** 만약 떨어져 죽으면 플레이어는 다이아몬드블록 위에서 다시 살아나요.

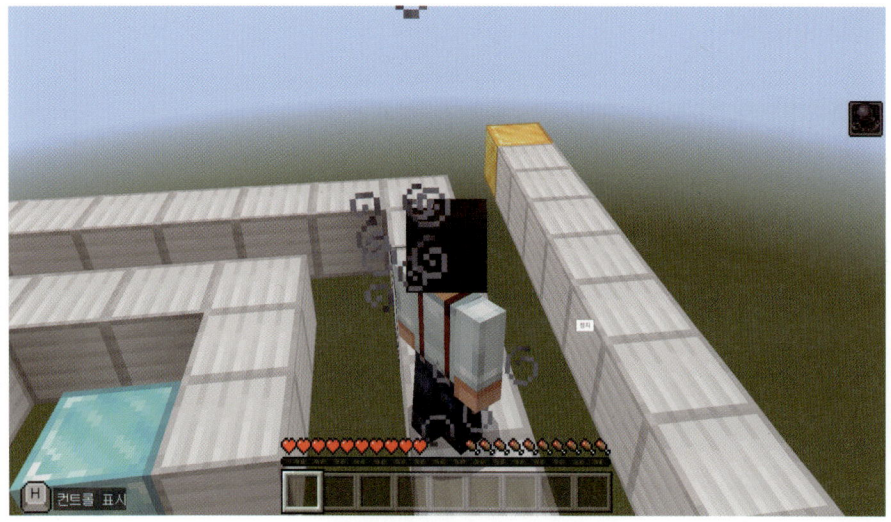

완성 코드 보기

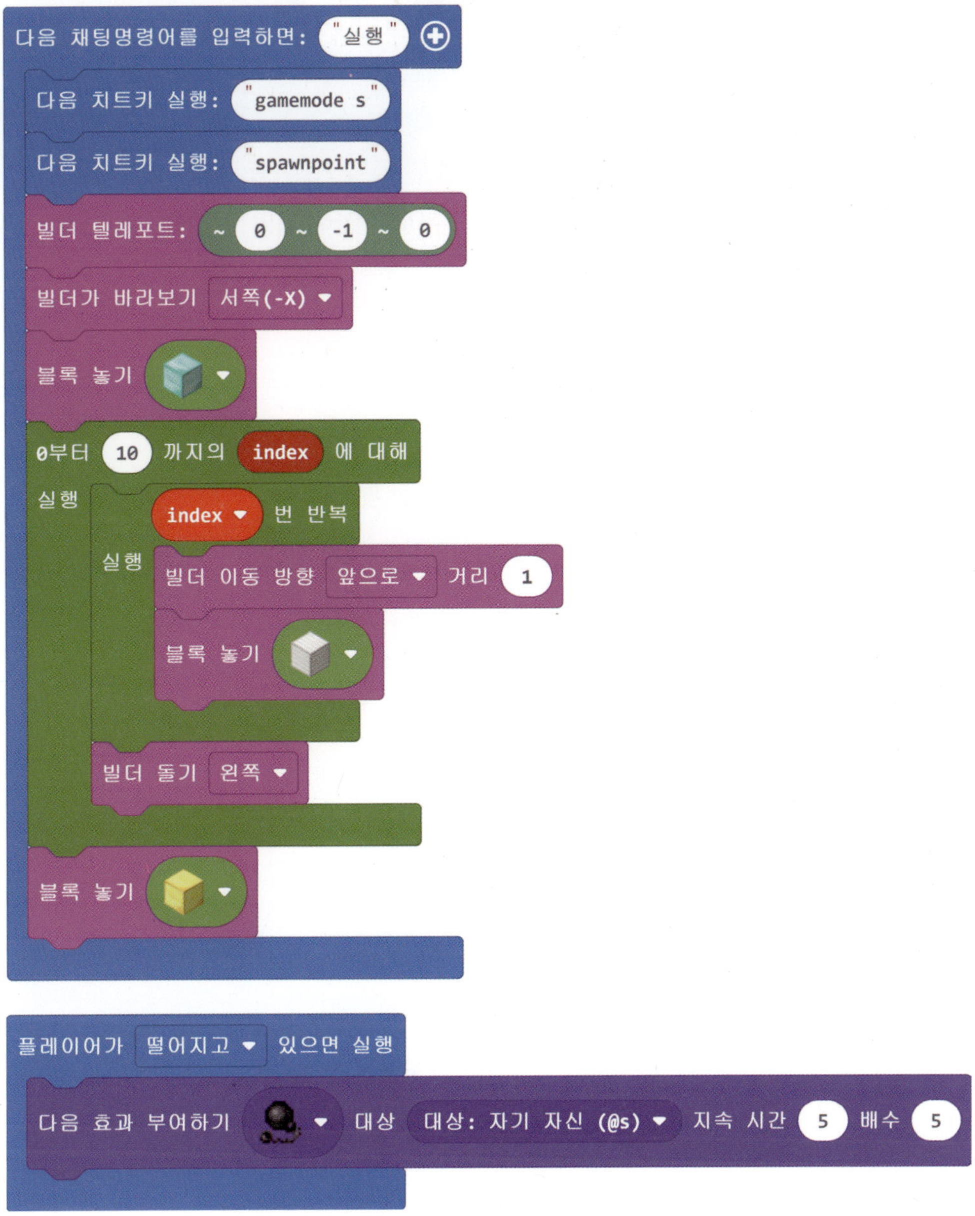

다음 채팅명령어를 입력하면: "실행"
　다음 치트키 실행: "gamemode s"
　다음 치트키 실행: "spawnpoint"
　빌더 텔레포트: ~ 0 ~ -1 ~ 0
　빌더가 바라보기 서쪽(-X)
　블록 놓기 🧊
　0부터 10 까지의 index 에 대해
　실행
　　index 번 반복
　　실행
　　　빌더 이동 방향 앞으로 거리 1
　　　블록 놓기 🧊
　　빌더 돌기 왼쪽
　블록 놓기 🟨

플레이어가 떨어지고 있으면 실행
　다음 효과 부여하기 💣 대상 대상: 자기 자신 (@s) 지속 시간 5 배수 5

26 : 눈보라를 내 마음대로

참 거짓 변수를 조절하면 명령을 실행하고 멈추는 코드를 만들 수 있어요. 삽을 휘두르면 눈보라가 내리고, 다시 한번 더 휘두르면 눈보라가 멈추는 마법 아이템을 만들어 볼게요.

프로젝트 정보

난이도 ★★★☆☆　　　태그 #변수 #게임제작　　　관련 프로젝트 37

하나씩 따라하기

1 반복문 만들기

[반복]-[무한반복 실행]을 가져오세요.

[반복]-[반복 실행]을 가져온 뒤 반복 횟수를 50으로 바꾸세요.

> **TIP**
> 무한반복 실행은 게임으로 돌아가는 즉시 반복을 시작해요. [무한반복 실행] 안에 다시 [반복 실행]이 있는 이유는 좀 더 빠르게 반복 실행을 하기 위해서랍니다.

[논리]-[만약 참 이면] 가져오세요.

[변수]-[변수 만들기]를 눌러 변수 '작동'을 약속하세요.

[변수]-[작동]을 가져와 [만약 참 이면]의 조건식에 넣으세요.

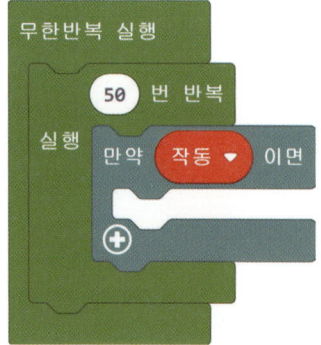

| 알아두기 | 참, 거짓 값을 가지는 변수 |

조건식에 변수를 넣는 것은 어떤 뜻일까요? 변수를 약속할 때 보통 숫자나 문자를 저장했어요. 하지만 이 경우에 변수 '작동'은 '참' 값을 가지고 있어요. 즉 변수 '작동'이 참이면 실행되는 조건식이 된 것이죠.

눈보라 만들기

[몹]-[소환 동물을 위치]를 가져오세요.

[몹]-[마법 발사]를 가져와 [소환 동물을 위치]의 동물 값에 넣고 '눈덩이'로 바꾸세요.

[위치]-[랜덤 위치 선택]을 가져와 위치 값에 넣은 뒤 좌표를 다음과 같이 바꾸세요.

| TIP | [랜덤 위치 선택]의 시작 좌표부터 끝 좌표까지의 값 중에서 무작위로 선택된 좌표에 눈덩이가 내려요. |

아이템 사용하면 실행하기

[플레이어]-[만약 아이템 사용하면]을 가져오세요.

[논리]-[만약 참 이면 아니면]을 가져오세요.

[변수]-[작동]을 가져와 [만약 참 이면 아니면]의 조건식에 넣으세요.

변수 값을 반대로 바꾸기

[변수]-[변수에 저장]을 가져오세요.

[논리]-[거짓]을 가져와 변수 '작동'에 넣으세요.

[플레이어]-[채팅창에 말하기]를 가져온 뒤 작동 중지를 알리는 메시지를 입력하세요.

같은 방법으로 [아니면] 아래의 코드를 다음과 같이 작성하세요.

> **TIP** 아이템을 사용할 때 변수 '작동'이 참이면 거짓으로 바뀌고 반대로 거짓이면 참이 돼요.

| 알아두기 | 반대 값으로 바꾸는 토글(Toggle) |

컴퓨터 키보드의 한영키는 대표적인 토글키예요. 한글을 쓰고 있는 상태에서 한영키를 누르면 영어로 바뀌죠. 영어를 쓰다가 한글로 바꾸고 싶다면 다시 한영키를 누르면 돼요. 즉 하나의 키로 두 가지 값을 조절할 수 있어요.

5 실행하기

철제 삽을 꺼내 손에 들고 마우스 오른쪽 클릭하세요.

작동 시작이라는 메시지와 함께 눈덩이가 내려요.

다시 마우스 오른쪽 클릭을 하면 작동 중지 메시지와 함께 실행이 멈춰요.

> **TIP** [무한 반복 실행]은 항상 실행되고 있어요. 하지만 변수 '작동'이 참일 때만 눈덩이가 발사되기 때문에 눈보라를 조절할 수 있는 것이에요.

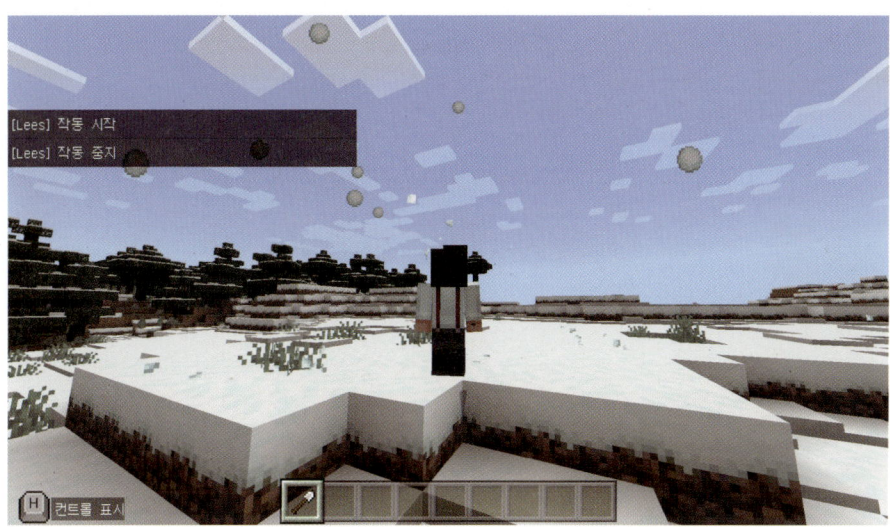

완성 코드 보기

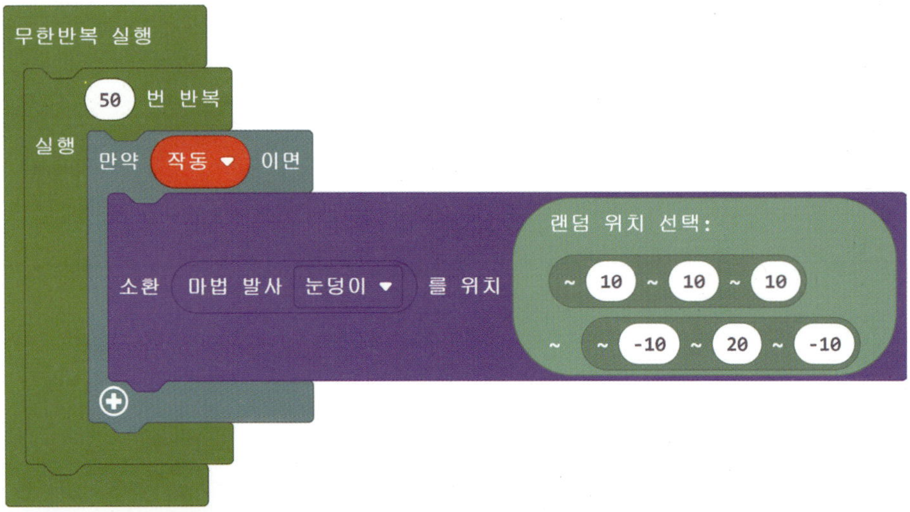

무한반복 실행
- 50 번 반복
  - 실행: 만약 〈작동〉 이면
    - 소환 〈마법 발사 눈덩이〉 를 위치 랜덤 위치 선택: ~10~10~10, ~-10~20~-10

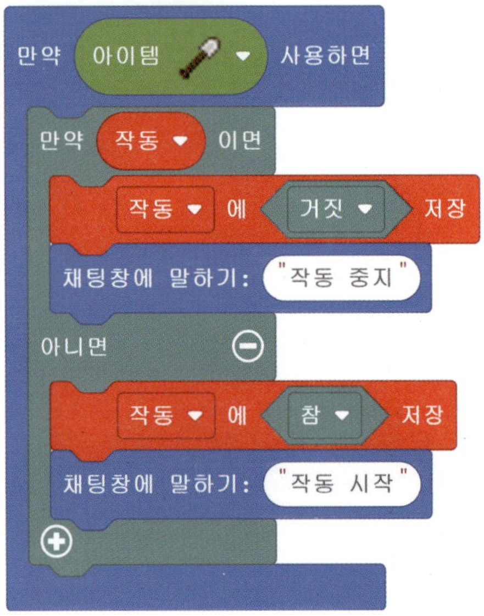

만약 〈아이템 🪄〉 사용하면
- 만약 〈작동〉 이면
  - 〈작동〉에 〈거짓〉 저장
  - 채팅창에 말하기: "작동 중지"
- 아니면
  - 〈작동〉에 〈참〉 저장
  - 채팅창에 말하기: "작동 시작"

27 : 부르면 나타나는 램프의 지니

알라딘에 등장하는 지니는 마법의 램프를 문지르면 언제 어디서든 나타나죠. NPC를 지니로 꾸미고 약속한 아이템을 사용하면 NPC가 플레이어에게 오도록 하는 마인크래프트 속 지니를 만들어 볼게요.

프로젝트 정보

난이도 ★★★★☆　　　태그 #NPC #게임제작　　　관련 프로젝트 9, 15

하나씩 따라하기

NPC 설정하기

명령어 **/wb**를 입력해서 월드빌더 권한을 얻으세요.

명령어 **/summon npc** 지니를 입력해서 이름이 '지니'인 NPC를 소환해요.

NPC에 마우스 오른쪽 클릭한 뒤 자신이 원하는 NPC의 외형을 선택하세요.

대화 편집 를 눌러 다음과 같이 대사를 적어보세요.

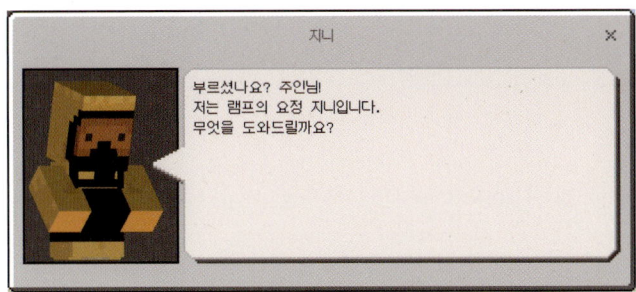

 대상 선택하기

[플레이어]-[만약 아이템 사용하면]을 가져온 뒤 아이템을 '그릇'으로 바꾸세요.

[변수]-[변수 만들기]를 눌러 변수 '지니'를 약속하세요.

[변수]-[변수에 저장]을 가져오세요.

[몹]-[대상]을 가져와 변수 '지니'에 넣고 대상은 '모든 엔티티(@e)'로 바꾸세요.

[플레이어]-[플레이어 절대좌표]를 가져와 대상 좌표에 넣고 반경은 '300'으로 바꾸세요.

[몹]-[selector에게 다음 규칙 추가]를 가져온 뒤 'selector'를 '지니'로 바꾸고 다음과 같이 규칙을 추가하세요.

> **TIP** 반경 300칸에 있는 모든 엔티티 중에서 이름(name)이 '지니'인 대상을 선택하는 것이에요.

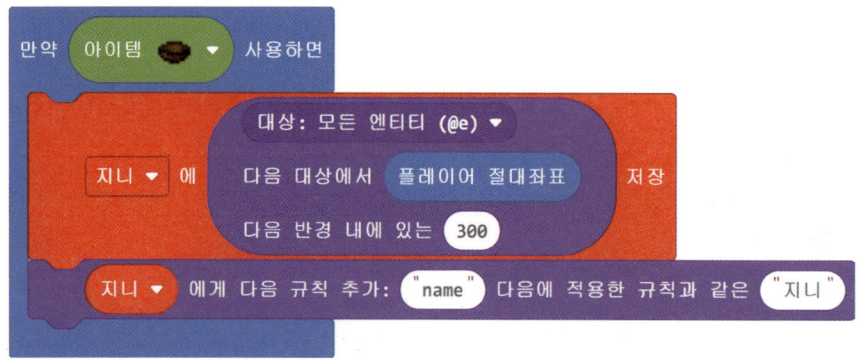

NPC 불러오기

[몹]-[텔레포트: 타겟 목적지]를 가져오세요.

[변수]-[지니]를 가져와 타겟에 넣으세요.

[위치]-[right, above, in front]를 가져와 목적지에 넣고 in front 값을 '5'로 바꾸세요.

[몹]-[소환 동물을 위치]를 가져오세요.

[몹]-[마법 발사]를 가져와 [소환 동물을 위치]의 동물 값에 넣고 '라이트닝 볼트'로 바꾸세요.

[위치]-[right, above, in front]를 가져와 [소환 동물을 위치]의 좌푯값에 넣으세요.

[플레이어]-[다음 치트키 실행]을 가져온 뒤 다음과 같이 명령어를 입력하세요.

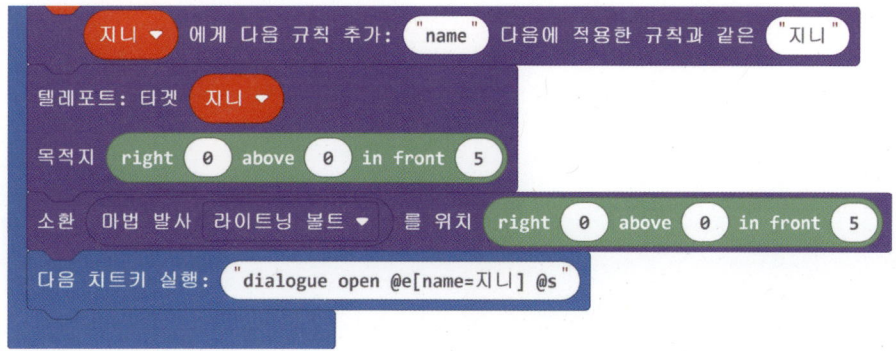

> **TIP**
> 대상으로 저장된 NPC, 변수 '지니'가 플레이어 5칸 앞으로 텔레포트하고 같은 위치에 번개가 소환돼요. 그리고 NPC의 대화를 플레이어에게 보여줘요.

④ 실행하기

명령어 **/wb**를 입력해서 월드 빌더 권한을 없애요.

지니를 불러오고 싶은 곳으로 이동하세요.

그릇 을 꺼내 손에 들고 마우스 오른쪽 클릭하세요.

번개가 치면서 지니가 텔레포트해요. 지니의 대화가 나오는 것을 확인하세요.

> **TIP**
> 만약 지니가 오지 않는다면 너무 멀리 떨어져 있기 때문이에요. 대상을 선택하는 반경을 늘리거나 지니와 가까운 곳으로 이동해 보세요.

완성 코드 보기

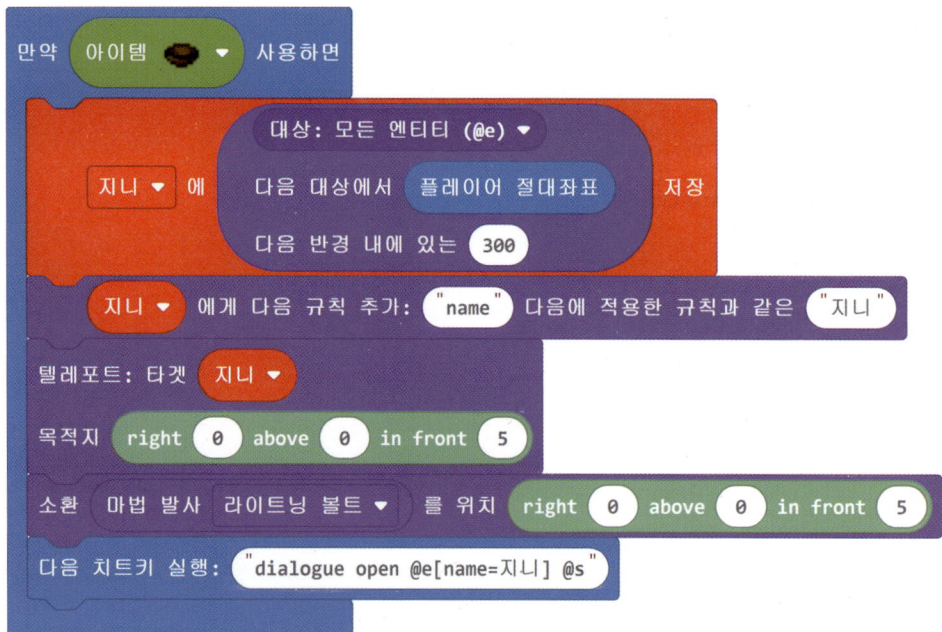

28 : 과녁을 향해 활쏘기

활쏘기는 멀리서 몹을 공격할 수 있는 전투 기술이기 때문에 생존을 위해 잘 익혀 두어야 하죠. 화살에 반응하는 과녁블록을 활용해서 활쏘기를 연습할 수 있는 게임을 만들어 볼게요.

프로젝트 정보

난이도 ★★★★☆   태그 #명령어 #게임제작   관련 프로젝트 34

하나씩 따라하기

1 과녁블록, 커맨드블록 놓기

월드 유형을 평면으로 하고 좌표 보기를 켠 뒤 새로운 월드를 생성하세요.

> **TIP** 화면 왼쪽 위에서 현재 좌표를 확인할 수 있어요.

명령어 **/setblock 0 -62 0 target**, **/setblock 0 -61 0 command_block**를 입력해서 과녁블록, 커맨드블록을 설치하세요.

> **TIP** 과녁블록은 커맨드블록 아래에 있기 때문에 보이지 않아요.

> **알아두기** 블록을 설치하는 명령어 /setblock
>
> /setblock 〈좌표〉 〈블록〉
>
> 블록 한 개를 놓을 때 사용하는 명령어예요. 놓을 블록 이름과 위치를 입력해요.

 커맨드블록에 명령어 입력하기

커맨드블록에 마우스 오른쪽 클릭해서 입력창을 열고 다음과 같이 명령을 입력하세요.

```
명령 입력
tell @p 명중
```

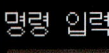 과녁블록이 화살을 맞으면 레드스톤 신호를 생성하고 그 신호는 커맨드블록에 전달되어 명령이 실행돼요.

> **알아두기** 다른 플레이어에게 메시지를 전달하는 명령어 /tell
>
> /tell 〈전달할 대상@〉 〈메시지〉
>
> 특정 대상을 정해 메시지를 전달한다는 점에서 명령어 /say와 달라요. 위에 작성한 내용은 가장 가까이 있는 플레이어(@p)에게 '명중'이라는 메시지를 전달해요.

 과녁 설치하기

[플레이어]-[다음 채팅명령어를 입력하면]을 가져와 '과녁설치'로 바꾸세요.

[블록]-[블록 채우기]를 가져와 블록을 '공기'로 바꾸세요.

[위치]-[월드 좌표]를 두 번 가져와 시작, 끝 좌푯값에 넣은 뒤 다음과 같이 값을 입력하세요.

[블록]-[블록 복사하기]를 가져오세요.

[위치]-[랜덤 위치 선택]를 가져와 목적지 좌푯값에 넣으세요.

[위치]-[월드 좌표]를 가져와 각 좌푯값에 넣고 다음과 같이 코드를 작성하세요.

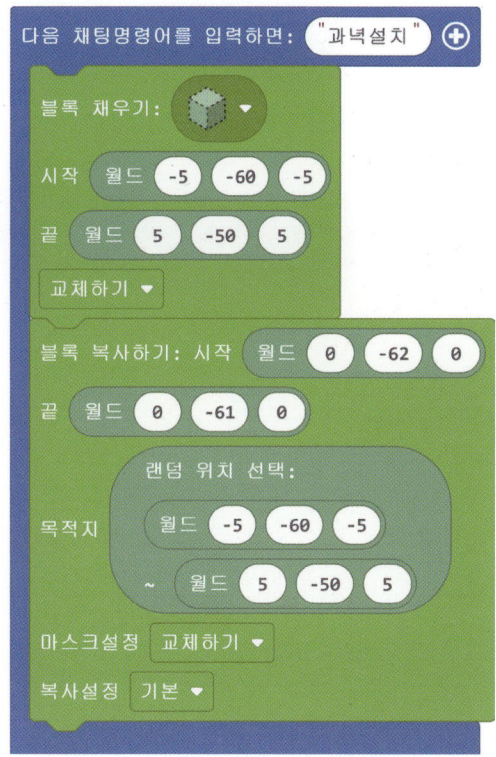

> **TIP** 공기블록으로 앞서 설치된 블록을 모두 없앤 뒤 과녁블록과 커맨드블록을 무작위로 선택된 목적지 좌표로 복사해요.

시작 준비하기

[반복]-[시작하면]을 가져오세요.

[플레이어]-[다음 채팅명령어를 실행]을 가져와 '과녁설치'로 바꾸세요.

[변수]-[변수 만들기]를 눌러 변수 '점수'를 약속하세요.

[변수]-[변수에 저장]을 가져오세요.

> **TIP** 코드를 시작하면 채팅명령어 '과녁설치'가 실행되고 점수를 0점으로 초기화해요.

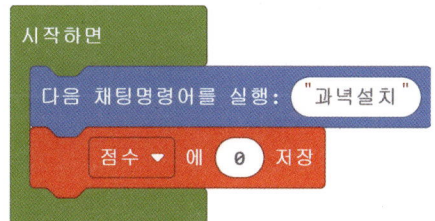

메시지 받아 실행하기

[플레이어]-[다른 플레이어가 라고 하면 실행]을 가져와 '명중'으로 바꾸세요.

[플레이어]-[다음 채팅명령어를 실행]을 가져와 '과녁설치'로 바꾸세요.

[변수]-[변수 값 증가]를 가져오세요.

[플레이어]-[채팅창에 말하기]를 가져오세요.

[고급]-[문자열]-[연결]을 가져와 채팅 내용에 넣으세요.

[변수]-[점수]를 가져와 문자열에 넣고 다음과 같이 내용을 입력하세요.

> **TIP** 커맨드블록에서 명령어 '/tell @p 명중'을 실행하면 [다른 플레이어가 라고 하면 실행]이 '명중' 메시지를 받아 실행돼요.

> **알아두기** 다른 플레이어의 메시지를 확인하여 코드 실행하기
>
> [다른 플레이어가 라고 하면 실행]은 명령어 /tell로 전달한 메시지를 받아 실행할 수 있어요. 채팅창에 입력한 메시지나 /say로 전달한 메시지로는 실행할 수 없어요.

 ## 실행하기

채팅명령어 '과녁설치'를 입력하세요.

활 과 화살 을 준비하고 활을 손에 드세요.

과녁블록을 바라보고 마우스 오른쪽 클릭을 길게 한 뒤 떼세요.

과녁을 맞히면 점수가 표시되고 과녁블록은 새로운 곳에 다시 생겨요.

TIP 만약 과녁이 보이지 않는다면 화면 왼쪽 위에 보이는 좌표를 확인해 보세요. 과녁은 좌표 (0 -60 0) 주변에서 생기고 있어요.

완성 코드 보기

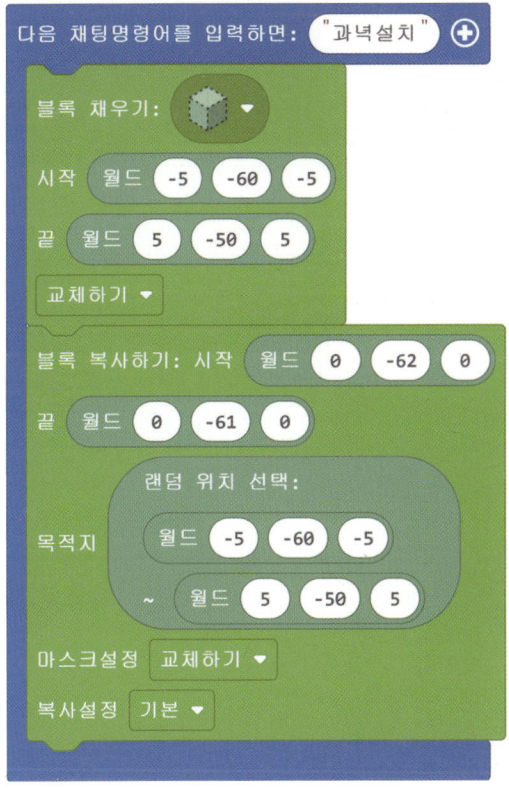

29: 블록으로 약수 표현하기

어떤 수를 나누어 떨어지게 하는 수를 약수라고 해요. 수학을 숫자만으로 이해하는 것보다 블록을 활용해서 더 쉽게 공부해 보세요. 약수를 블록으로 구하고 표현하는 방법을 알아볼게요.

프로젝트 정보

난이도 ★★★★☆　　　태그 #블록 #수학　　　관련 프로젝트 14

하나씩 따라하기

1 약수 찾기

[플레이어]-[다음 채팅명령어를 입력하면]을 가져와 '약수'로 바꾸세요.

[다음 채팅명령어를 입력하면]의 를 눌러 변수를 추가하세요.

> **TIP** num1은 약수를 구할 어떤 수를 의미해요.

[반복]-[0부터 까지의 index에 대해 실행]를 가져온 뒤 index값에 [변수]-[num1]을 가져와 넣으세요.

[논리]-[만약 참 이면]을 가져오세요.

[논리]-[비교 연산], [계산]-[remainder of], [변수]-[num1], [index]를 가져와 다음과 같이 조건식을 작성하세요.

> **TIP** num1이 index로 나누어 떨어지는지 확인하는 조건식이에요. [remainder of]는 나머지를 구하는 명령블록이에요.

알아두기 **어떤 수의 약수를 찾는 방법**

만약 10의 약수를 찾는다면 1부터 10까지 수로 나눠보세요. 나누어 떨어진다면 나눈 수가 약수가 되는 것이에요. 예를 들어 10을 2로 나누면 몫이 5로 나누어 떨어져요(10÷2=5). 따라서 2는 10의 약수예요.

블록으로 표시하기

[블록]-[블록 채우기]를 가져와 블록을 '황금블록'으로 바꾸세요.

[계산]-[나누기], [변수]-[num1], [index]를 가져와 다음과 같이 좌푯값을 입력하세요.

TIP num1이 index로 나누어 떨어졌다면 약수는 'index'와 'num1÷index'예요. 이 두 가지 수가 가로, 세로 길이가 되도록 블록을 채우는 것이에요.

알아두기 곱셈식에서 약수 찾기

곱셈식 10=2×5 에서 2와 5가 10의 약수가 돼요. 10÷2=5, 10÷5=2, 두 가지 식에서 나누어 떨어지는 것을 보아도 약수인 것을 알 수 있어요. 그렇다면 가로 2칸, 세로 5칸으로 블록을 채운다면 10의 약수가 2와 5라는 것을 표현할 수 있겠죠.

블록 간격 만들기

[변수]-[변수 만들기]를 눌러 변수 '간격'을 약속하세요.

[변수]-[간격]을 두 번 가져와 시작, 끝의 x좌푯값에 넣으세요.

[변수]-[변수 값 증가]를 가져온 뒤 변수 '간격'을 선택하고 값을 '3'으로 바꾸세요.

TIP 반복 실행하면서 간격(x좌푯값)이 3씩 증가해요. 간격이 있어야 블록이 겹쳐서 생겨나지 않아요.

[플레이어]-[채팅창에 말하기]를 가져오세요.

[변수]-[index]를 가져와 채팅 내용에 넣으세요.

TIP index는 num1을 나누어 떨어지게 한 약수이므로 채팅창에 보여주는 것이에요.

실행하기

채팅명령어 '약수 20'을 입력하세요.

만들어지는 블록과 채팅메시지를 확인해 보세요.

 약수를 구하고 싶은 다른 수도 입력해 보세요.

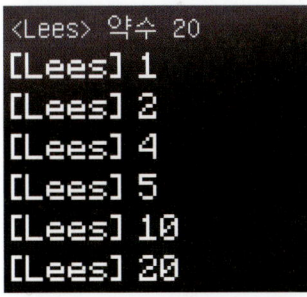

완성 코드 보기

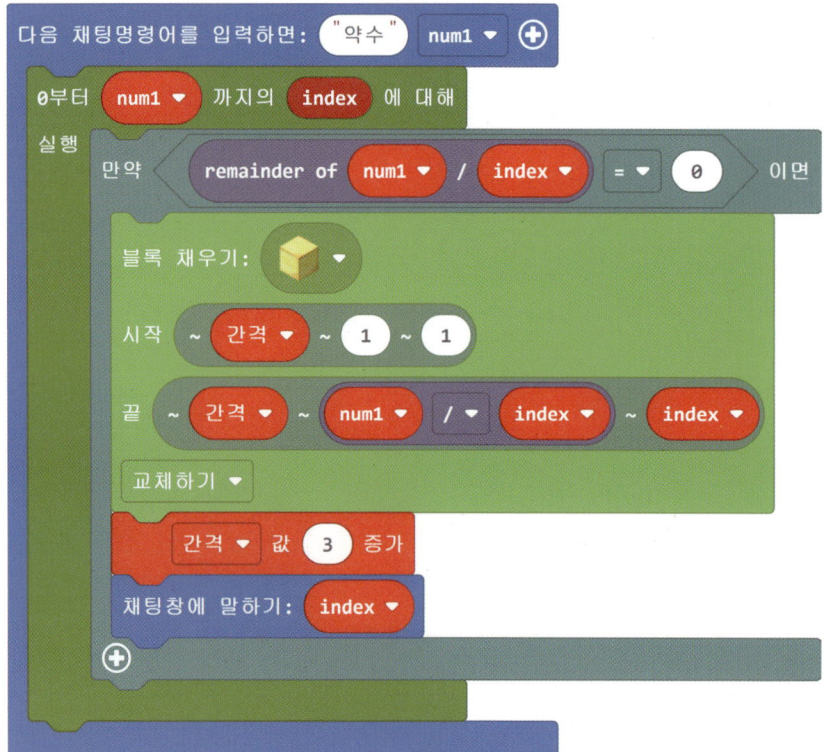

30 : 조금씩 떠오르는 땅

지구의 가장 바깥에 있는 부분을 지각이라고 해요. 이 지각이 갑자기 움직여 지진이 일어나면 땅이 갈라져 올라가거나 내려가기도 하죠. 하지만 꼭 지진이 아니더라도 지각은 매우 오랜 시간 동안 우리가 모르게 서서히 올라가거나 내려가기도 해요.

프로젝트 정보

난이도 ★★★★☆ 태그 #블록 #과학 관련 프로젝트 18

하나씩 따라하기

시작 위치 정하기

[플레이어]-[다음 채팅명령어를 입력하면]을 가져와 '실행'으로 바꾸세요.

[변수]-[변수 만들기]를 눌러 변수 '시작위치'를 약속하세요.

[변수]-[변수에 저장]을 가져오세요.

[플레이어]-[플레이어 절대좌표]를 가져와 변수 '시작위치'에 넣으세요.

[반복]-[0부터 까지의 index에 대해 실행]을 가져온 뒤 index값을 '100'으로 바꾸세요.

> **TIP** 반복하는 횟수만큼 땅이 올라가요.

복사할 블록 위치 정하기

[블록]-[블록 복사하기]를 가져오세요.

[위치]-[좌표 더하기]를 두 번 가져와 시작, 끝 좌푯값에 넣으세요.

[계산]-[빼기], [변수]-[시작위치], [index]를 가져와 각 좌푯값에 넣고 다음과 같이 코드를 작성하세요.

> **TIP** 작성한 코드를 이해하기 어렵다면 index에 0부터 차례대로 값을 넣으면서 좌표를 확인해 보세요. 특히 index에서 10을 빼는 것은 작은 수에서 큰 수를 빼는 것이기 때문에 이해하기 어려울 수 있어요. 이때는 큰 수에서 작은 수를 뺀 뒤 –를 붙인다고 생각하세요.

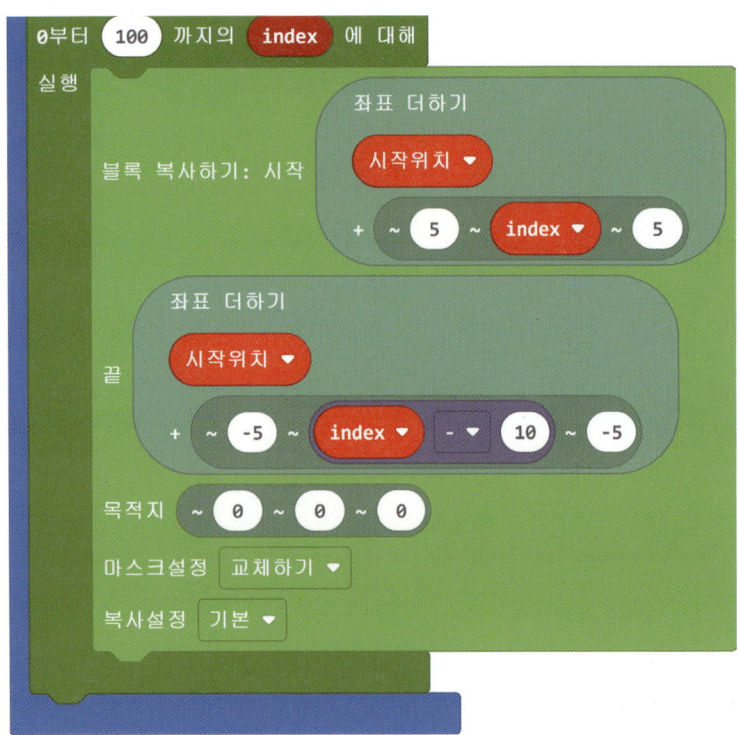

 ## 목적지 정하기

[위치]-[좌표 더하기]를 가져와 목적지 좌푯값에 넣으세요.

[계산]-[빼기], [변수]-[시작위치], [index]를 가져와 각 좌푯값에 넣고 다음과 같이 코드를 작성하세요.

> **TIP** 목적지의 좌표는 복사의 끝 좌표와 비슷하지만 y좌표 수식이 index−10에서 index−9로 바뀌었어요. 이것은 y좌표가 −10에서 −9로 바뀐 것으로 한 칸 위로 복사하겠다는 뜻이에요.

복사설정을 덮어쓰기로 바꾸세요.

[반복]-[일시중지]를 가져온 뒤 '100'을 입력하세요.

> **TIP** 너무 빠르게 복사되지 않도록 0.1초 동안 실행을 중지해요.

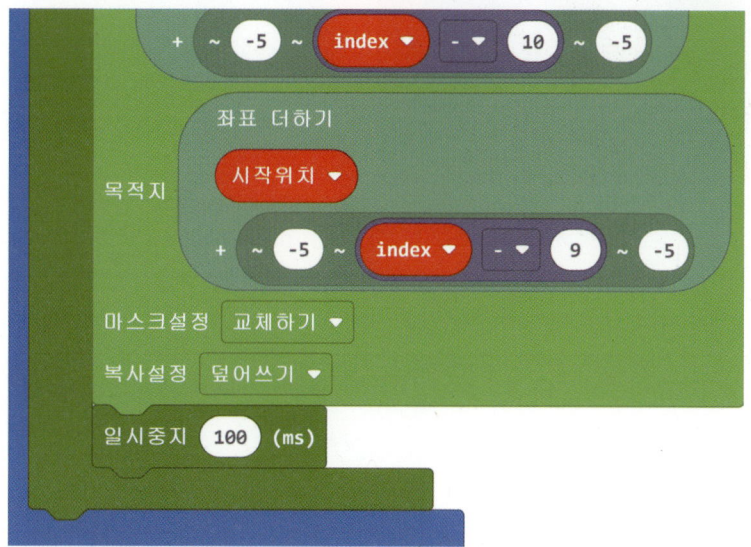

> **알아두기** 복사하는 다양한 방법, 마스크설정과 복사설정
>
> 복사할 블록 영역과 목적지의 블록 영역이 겹친다면 복사설정을 덮어쓰기로 바꾸어야 실행돼요. 그리고 마스크설정의 교체하기는 복사할 영역에 있는 빈 공간, 즉 공기블록을 포함하여 복사한다는 뜻이에요.

실행하기

플레이어를 바닥으로 이동시킨 뒤 채팅명령어 '실행'을 입력하세요.

위로 이동해서 땅이 올라가는 모습을 확인해 보세요.

> **TIP** 플레이어 주변의 블록들이 한 칸씩 위로 올라가는 것처럼 보이지만 실제로는 플레이어 아래 가로, 세로, 높이 11칸의 직육면체를 한 칸 위로 계속 복사하는 것이에요.

> **알아두기** 지각이 서서히 상승하는 현상, 융기

지구 내부의 자연적인 힘에 의해 올라가는 것을 융기, 내려가는 것을 침강이라고 해요. 우리가 코딩한 결과물과는 달리 실제 융기는 매우 넓은 지역에서 느껴지지도 않을 만큼 천천히 일어나요.

완성 코드 보기

31 : 높이를 알려주는 등고선

지도에서 높이가 같은 지점을 선으로 연결하여 표시하는 것을 등고선이라고 해요. 등고선을 보면 지형의 모습을 더 잘 이해할 수 있어요. 에이전트가 지형을 이동하며 블록으로 등고선을 그려 볼게요.

프로젝트 정보

난이도 ★★★★☆　　　태그 #에이전트 #지리　　　관련 프로젝트 10, 11

하나씩 따라하기

블록 놓을 준비하기

[플레이어]-[다음 채팅명령어를 입력하면]을 가져와 '실행'을 입력하세요.

[에이전트]-[에이전트가 블록 또는 아이템 가져오기]를 가져온 뒤 블록을 원하는 색깔 블록으로 바꾸세요.

[에이전트]-[에이전트가 이동한 곳에 블록 놓기]를 가져온 뒤 '켜기'로 바꾸세요.

오른쪽에 블록이 없는 경우

[논리]-[만약 참 이면 아니면]을 가져오세요.

[에이전트]-[에이전트가 블록 탐지]를 가져와 조건식에 넣고 방향을 '오른쪽'으로 바꾸세요.

[에이전트]-[에이전트가 회전]을 [아니면] 아래로 가져온 뒤 방향을 '오른쪽'으로 바꾸세요.

[에이전트]-[에이전트가 이동 방향 거리]를 가져오세요.

> **TIP** 에이전트 오른쪽에 블록이 없으면 오른쪽으로 한 칸 이동해요.

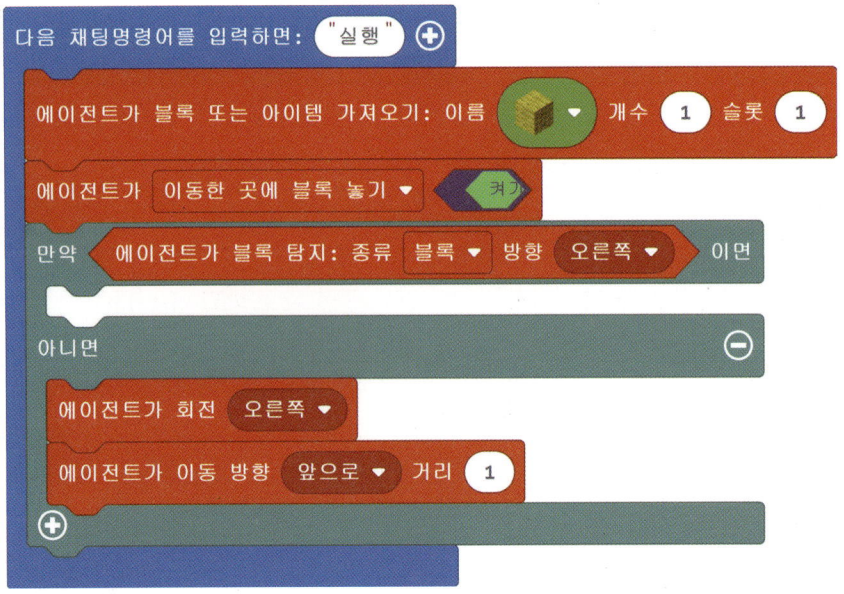

> **알아두기 다양한 경우의 수 생각하기**
> 에이전트는 시계방향으로 돌며 등고선을 그려요. 에이전트의 앞, 왼쪽, 오른쪽에 블록이 있거나 없을 수 있어요. 이 경우를 하나씩 나누어서 에이전트가 어떻게 이동하면 될지 생각하며 코드를 작성해요.

오른쪽에 블록이 있고 앞에는 없는 경우

[논리]-[만약 참 이면 아니면]을 가져오세요.

[에이전트]-[에이전트가 블록 탐지]를 가져와 조건식에 넣으세요.

[에이전트]- [에이전트가 이동 방향 거리]를 [아니면] 아래로 가져오세요.

> **TIP** 에이전트 오른쪽에 블록이 있고 앞에 블록이 없으면 앞으로 한 칸 이동해요.

④ 오른쪽, 앞쪽에 블록이 있고 왼쪽에 없는 경우

[논리]-[만약 참 이면 아니면]을 가져오세요.

[에이전트]-[에이전트가 블록 탐지]를 가져와 조건식에 넣고 방향을 '왼쪽'으로 바꾸세요.

[에이전트]- [에이전트가 회전]을 [아니면] 아래로 가져오세요.

[에이전트]-[에이전트가 이동 방향 거리]를 가져오세요.

> **TIP** 에이전트 오른쪽, 앞에 블록이 있고 왼쪽에 블록이 없으면 왼쪽으로 한 칸 이동해요.

오른쪽, 앞쪽, 왼쪽에 블록이 있는 경우

[에이전트]-[에이전트가 회전]을 두 번 가져오세요.

[에이전트]-[블록 파괴]를 가져오세요.

[에이전트]-[에이전트가 이동 방향 거리]를 가져오세요.

[TIP] 에이전트 오른쪽, 앞, 왼쪽에 블록이 있다면 막힌 길이므로 뒤로 돌아 블록을 부수고 나와요.

반복 실행하기

[플레이어]-[다음 채팅명령어를 실행]을 가져와 '실행'으로 바꾸세요.

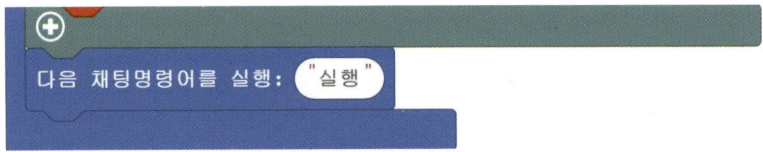

실행하기

에이전트를 등고선을 만들 위치로 이동시킨 뒤 채팅명령어 '실행'을 입력하세요.

에이전트가 등고선을 다 그렸다면 코드 작성기를 다시 열어 실행을 중단하세요.

2칸씩 올라가면서 블록을 바꾸어 실행해 보세요.

완성 코드 보기

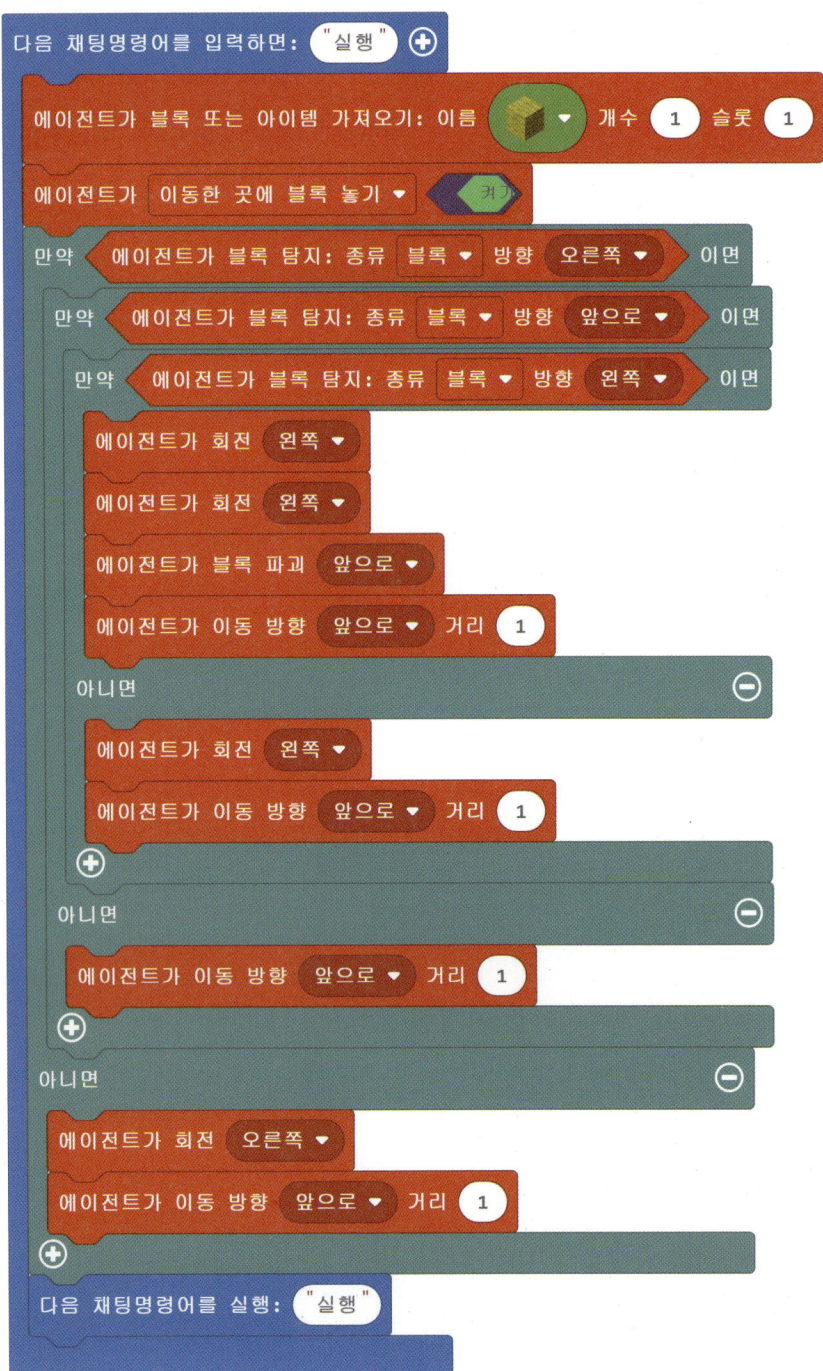

32 : 시각장애인의 스마트 흰지팡이

시각장애인은 이동할 때 지팡이로 주변의 장애물을 확인해요. 현대에는 기술이 발달하면서 초음파로 주변을 감지하고 스마트폰과 연동하여 다양한 기능을 활용할 수 있는 지팡이도 있다고 해요. 블록을 감지하는 명령블록으로 스마트 흰지팡이 아이템을 만들어 볼게요.

프로젝트 정보

난이도 ★★★★☆   태그 #블록 #체험   관련 프로젝트 17

하나씩 따라하기

1 체험 준비하기

[반복]-[시작하면]을 가져오세요.

[몹]-[다음 효과 부여하기]를 가져온 뒤 효과는 '실명', 대상은 '자기 자신', 지속 시간은 '30'으로 바꾸세요.

[몹]-[블록이나 아이템 주기]를 가져와 대상은 '자기 자신'으로 바꾸세요.

[블록]-[아이템]을 가져와 넣고 '막대'로 바꾸세요.

> **TIP** 실명 효과에 걸리면 플레이어는 아주 가까운 거리밖에 보지 못해요.

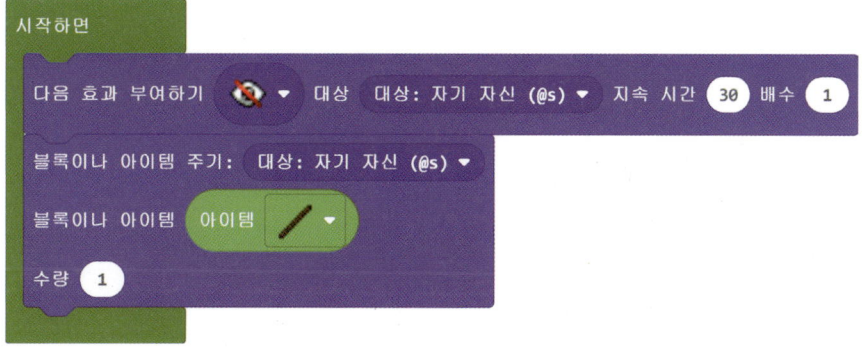

| 알아두기 | 시각장애인의 상징, 흰지팡이 |

움직임이 불편한 분들이 지팡이를 쓰기도 하지만 시각장애인이 사용하는 지팡이는 흰색으로 따로 구별한다고 해요. 이것은 전 세계 사람들이 똑같이 약속한 것으로 흰지팡이는 시각장애인의 자립과 성취의 상징이라고 해요.

 ## 장애물 감지하기

[플레이어]-[만약 아이템 사용하면]을 가져온 뒤 아이템을 '막대'로 바꾸세요.

[반복]-[0부터 까지의 index에 대해 실행]을 가져온 뒤 index값을 3까지로 바꾸세요.

[논리]-[만약 참 이면]을 가져오세요.

[논리]-[아님]을 가져와 조건식에 넣으세요.

[블록]-[블록 탐지]를 가져온 뒤 블록은 '공기'로 바꾸세요.

> **TIP** 공기블록을 탐지하는 것의 반대는(not) 어떤 블록이 있다는 뜻이에요.

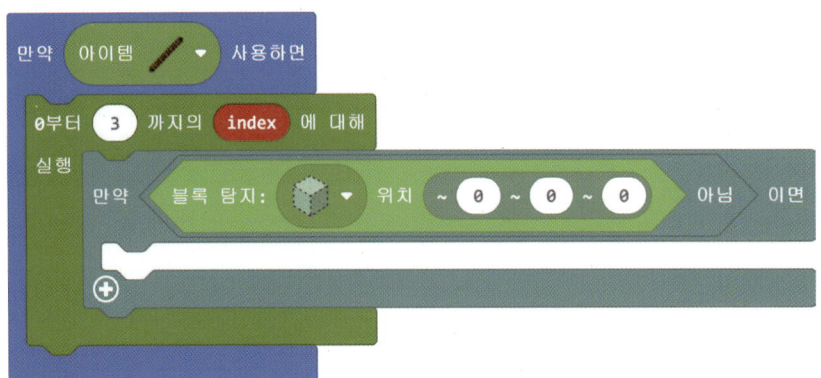

 ## 장애물 위치 알려주기

[위치]-[right, above, in front]를 가져와 좌푯값에 넣으세요.

[변수]-[index]를 가져와 in front 값에 넣으세요.

[플레이어]-[채팅창에 말하기]를 가져오세요.

[고급]-[문자열]-[연결]을 가져와 채팅 내용에 넣으세요.

[변수]-[index]를 가져와 문자열에 넣고 내용을 입력하세요.

> **TIP** 플레이어 앞으로 3칸까지 어떤 블록이 있다면 메시지로 보여줘요.

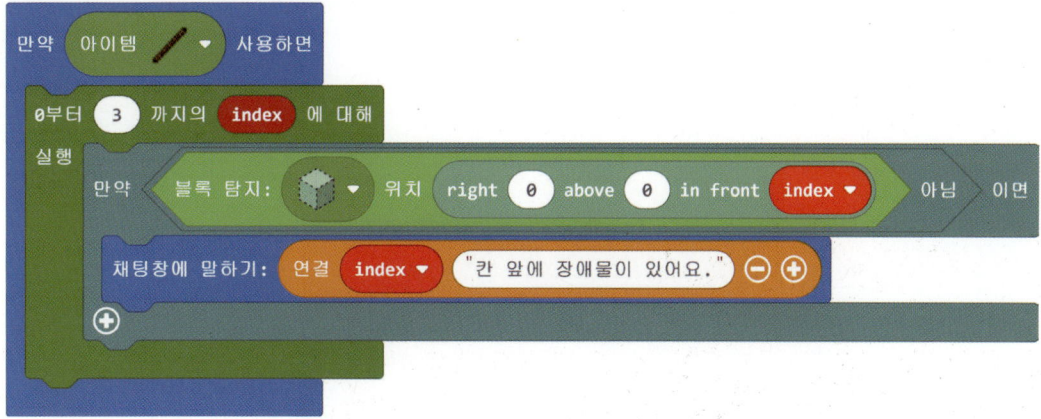

4 바닥 없는 곳 알려주기

[논리]-[만약 참 이면]을 가져오세요.

[블록]-[블록 탐지]를 가져온 뒤 블록은 '공기'로 바꾸세요.

[위치]-[right, above, in front]를 가져와 좌푯값에 넣고 above 값은 '-1'로 바꾸세요.

[변수]-[index]를 가져와 in front 값에 넣으세요.

앞서 작성한 [채팅창에 말하기]를 마우스 오른쪽 클릭 후 복사하여 가져와 다음과 같이 내용을 바꾸세요.

> **TIP** 플레이어 아래 1칸에서부터 앞으로 3칸까지 공기블록(빈 공간)이 있다면 메시지로 보여줘요.

 **실행하기**

게임으로 돌아가면 실명효과에 걸리고 막대를 받아요.

막대를 손에 들고 마우스 오른쪽 클릭한 뒤 채팅창에 나오는 메시지를 확인하세요.

이동하면서 막대를 사용해 보세요.

> **TIP** 오른쪽 클릭을 빠르게 연속해서 하면 제대로 감지되지 않아요.

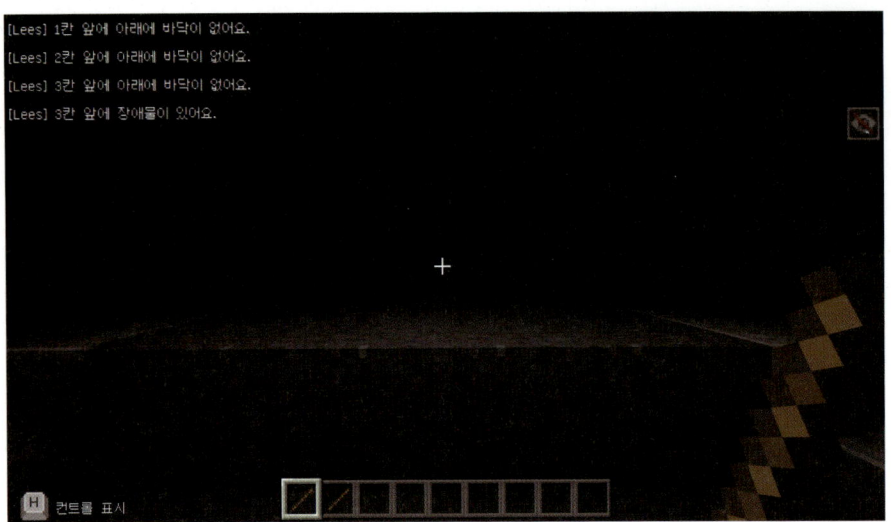

완성 코드 보기

시작하면
다음 효과 부여하기 🔘 ▼ 대상 대상: 자기 자신 (@s) ▼ 지속 시간 30 배수 1
블록이나 아이템 주기: 대상: 자기 자신 (@s) ▼
블록이나 아이템 아이템 / ▼
수량 1

만약 아이템 / ▼ 사용하면
  0부터 3 까지의 index 에 대해
  실행
    만약 블록 탐지: 🟦 ▼ 위치 right 0 above 0 in front index ▼ 아님 이면
      채팅창에 말하기: 연결 index ▼ "칸 앞에 장애물이 있어요." ⊖ ⊕
    만약 블록 탐지: 🟦 ▼ 위치 right 0 above -1 in front index ▼ 이면
      채팅창에 말하기: 연결 index ▼ "칸 앞에 아래에 바닥이 없어요." ⊖ ⊕

33 : 지하를 탐사하고 보고하는 에이전트

탐사 로봇에는 카메라가 달려있어서 탐사 결과를 사람이 확인할 수 있어요. 에이전트에게 카메라를 달아줄 순 없지만 에이전트가 확인한 블록들을 플레이어 앞에 바로 보여줄 수 있어요.

프로젝트 정보

난이도 ★★★★☆   태그 #에이전트 #자동화   관련 프로젝트 21

하나씩 따라하기

아래로 내려가기

[플레이어]-[다음 채팅명령어를 입력하면]을 가져와 '실행'으로 바꾸세요.

[에이전트]-[에이전트가 이동한 곳에 블록 놓기]를 가져온 뒤 '장애물을 파괴하기', '켜기'로 바꾸세요.

[반복]-[반복 실행]을 가져온 뒤 반복 횟수를 5로 바꾸세요.

[에이전트]-[에이전트가 이동 방향 거리]를 가져온 뒤 방향을 '아래로' 바꾸세요.

왕복 이동시키기

[반복]-[반복 실행]을 가져온 뒤 반복 횟수를 '10'으로 바꾸세요.

[에이전트]-[에이전트가 이동 방향 거리]를 가져오세요.

[에이전트]-[에이전트가 회전]을 두 번 가져오세요.

> **TIP** 에이전트는 아래로 1칸 내려가고 앞으로 10칸 이동 후에 뒤를 돌아요. 이 동작을 5번 반복해요.

 ## 확인한 블록 알려주기

[채팅창에 말하기]를 가져와 [반복 실행 10회] 안에 넣으세요.

[블록]-[name of block]을 가져와 채팅 내용에 넣으세요.

[에이전트]-[에이전트가 블록을 검사]를 가져와 블록에 넣으세요.

[블록]-[블록 놓기]를 가져오세요.

[에이전트]-[에이전트가 블록을 검사]를 가져와 블록에 넣으세요.

[위치]-[right, above, in front]를 가져와 좌푯값에 넣고 in front 값을 2로 바꾸세요.

> **TIP** 에이전트가 확인한 블록이 플레이어 2칸 앞에 생겨요.

> **알아두기** [에이전트가 블록을 검사], [에이전트가 블록 탐지] 차이점

말의 의미는 같지만 명령블록이 생긴 모양으로 알 수 있듯이 쓰임새가 달라요. [에이전트가 블록을 검사]는 블록 값을 의미하지만 [에이전트가 블록 탐지]는 블록이 있는지 없는지를 확인하는 참 거짓 값이에요.

실행하기

에이전트를 바닥에 위치시키고 채팅명령어 '실행'을 입력하세요.

채팅창에 에이전트가 확인한 블록 이름이 나오고 플레이어 앞에 그 블록이 바로 생겨요.

완성 코드 보기

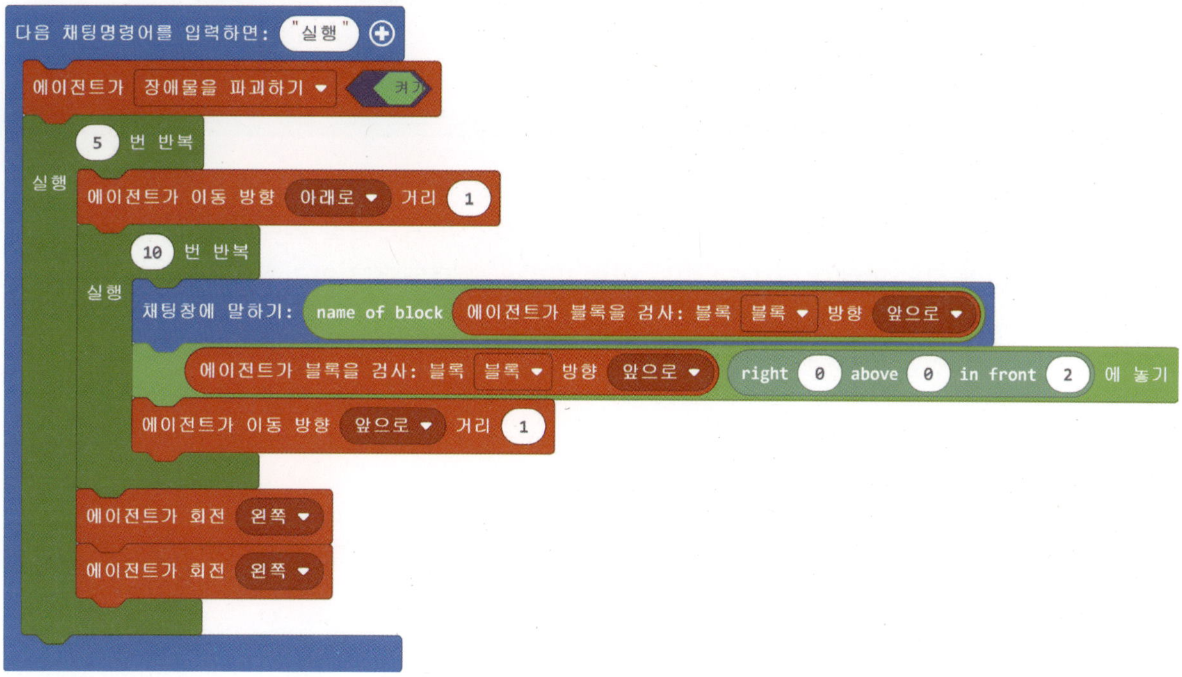

다음 채팅명령어를 입력하면: "실행"
- 에이전트가 장애물을 파괴하기 켜기
- 5번 반복
  실행:
  - 에이전트가 이동 방향 아래로 거리 1
  - 10번 반복
    실행:
    - 채팅창에 말하기: name of block 에이전트가 블록을 검사: 블록 블록 방향 앞으로
    - 에이전트가 블록을 검사: 블록 블록 방향 앞으로 right 0 above 0 in front 2 에 놓기
    - 에이전트가 이동 방향 앞으로 거리 1
  - 에이전트가 회전 왼쪽
  - 에이전트가 회전 왼쪽

34 : 가축 마릿수를 알려주는 스마트 목장

스마트 팜(Smart farm)은 정보 기술을 농업에 적용하여 생산량을 늘리고 품질을 향상하는 지능화된 농장을 말해요. 키우고 있는 양의 마릿수를 자동으로 알려주는 목장을 만들어 볼게요.

프로젝트 정보

난이도 ★★★★☆   태그 #몹 #자동화   관련 프로젝트 12, 28

하나씩 따라하기

양 목장 만들기

울타리를 두르고 양을 소환해서 양 목장을 만드세요.

변수 약속하기

[플레이어]-[다음 채팅명령어를 입력하면]을 가져와 '실행'으로 약속하세요.

[변수]-[변수 만들기]를 눌러 변수 '마릿수', '양'을 약속하세요.

[변수]-[변수에 저장]을 두 번 가져와 넣고 변수를 각각 '마릿수'와 '양'으로 바꾸세요.

 ## 대상 선택하기

[몹]-[대상]을 가져와 변수 '양'에 넣으세요.

대상을 '모든 엔티티'로 바꾸세요.

[위치]-[월드 좌표]를 가져와 대상 좌표에 넣으세요.

게임으로 돌아가 플레이어를 양 목장의 가운데로 이동시키고 화면 왼쪽 위에서 월드 좌표를 확인하여 입력하세요.

TIP 화면에서 월드 좌표가 안보인다면 [Esc]-설정-게임- 좌표 보기 를 켜주세요.

반경 크기는 탐지할 목장 크기를 고려해서 입력하세요.

[몹]-[다음 규칙 추가]를 가져와 'selector'를 '양'으로 바꾸고 'type' 규칙을 'sheep'으로 입력하세요.

TIP 'type' 규칙을 'sheep'으로 정했기 때문에 엔티티 중에서 이제 양이 선택되었어요.

카운트 메시지 보내기

[몹]-[상대에게 명령 실행하게 하기]를 가져온 뒤 [변수]-[양]을 가져와 대상에 넣으세요.

실행할 명령에 'tell @p 카운트'라고 입력하세요.

> **TIP** 이 명령을 실행하는 것은 대상으로 선택한 양이에요. 따라서 양이 플레이어(@p)에게 카운트 메시지를 보내는 것이에요.

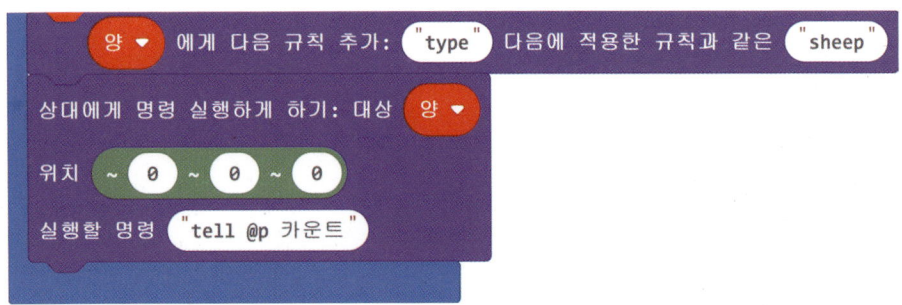

카운트 메시지 실행하기

[플레이어]-[다른 플레이어가 라고 하면 실행]을 가져와 '카운트'를 입력하세요.

[변수]-[변수 값 증가]를 가져온 뒤 변수 '마릿수'를 선택하세요.

> **TIP** 명령어 tell로 보낸 메시지 '카운트'를 받아 '마릿수'가 1 증가해요.

 ## 숫자 보여주기

앞서 작성 중이던 [다음 채팅명령어를 실행하면]을 이어서 코드를 작성해요.

[블록]-[글자쓰기]를 가져온 뒤 글자가 표시될 위치를 자신이 원하는 좌푯값으로 입력하세요.

[문자열]-[연결]을 가져와 글자쓰기에 넣으세요.

[변수]-[마릿수]를 가져와 [연결]의 첫 번째에 넣고 두 번째에는 띄어쓰기로 빈칸을 입력하세요.

> **TIP** 연결에 빈칸을 입력하는 이유는 원래 있는 숫자를 모두 지우기 위해서랍니다. 예를 들어 20마리였다가 9마리로 줄었다면 뒤에 0이 남게 되어 90마리로 보일 수 있기 때문이죠.

[반복]-[일시중지]를 가져온 뒤 '5000'을 입력하세요.

[플레이어]-[다음 채팅명령어를 실행]을 가져와 '실행'을 입력하세요.

> **알아두기   블록으로 글까쓰기**
> [글자쓰기]를 사용하면 블록으로 글을 쓸 수 있어요. 단 한글은 사용할 수 없고 글자 크기도 고정되어 있어요. 글 쓰는 방향을 결정할 수 있지만 세로로 글쓰기는 안돼요.

 실행하기

채팅명령어 '실행'을 입력하세요.

5초마다 실시간으로 양의 마릿수를 숫자로 보여줘요.

> **TIP** 숫자가 잘 보이도록 뒤에 블록을 설치해도 좋아요.

완성 코드 보기

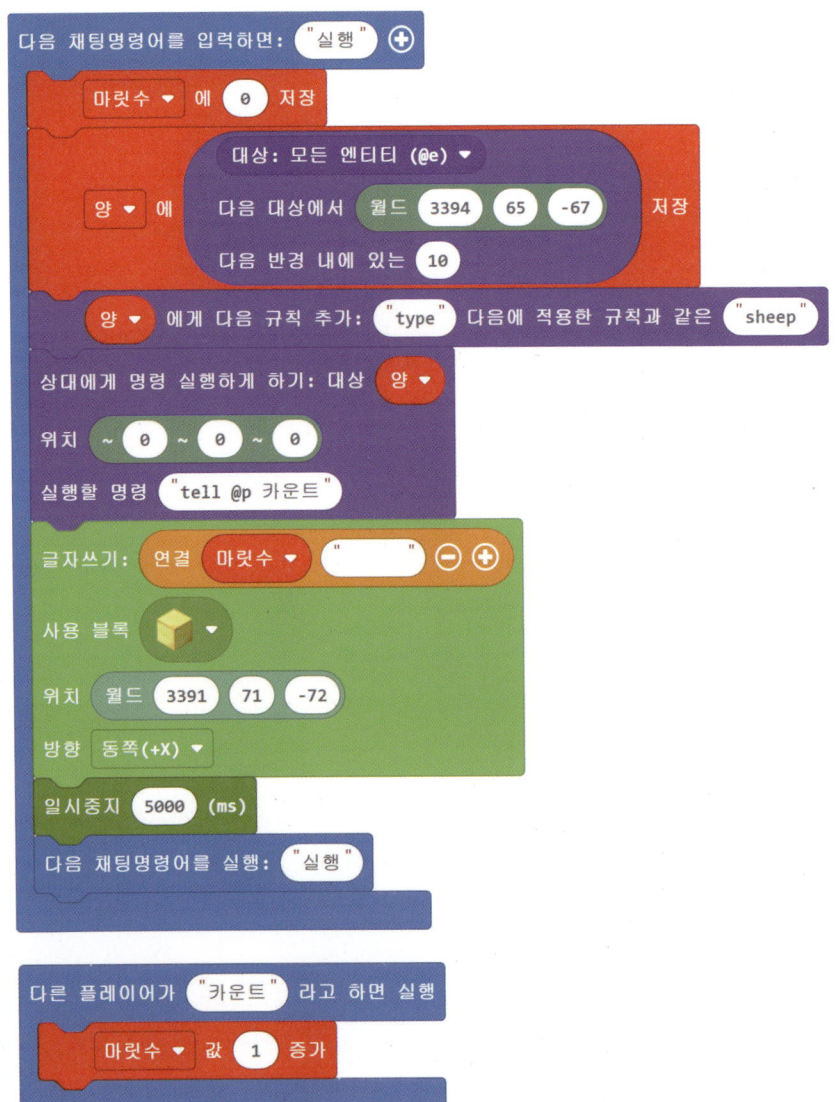

35: 지그재그 계단 스피드런

스피드런은 누가 빠르게 도착점에 도달하는지 경쟁하는 게임을 말해요. 지그재그로 생기는 계단을 빠르게 올라가세요. 플레이어의 위치를 감지하는 타이머로 기록을 측정할게요.

프로젝트 정보

난이도 ★★★★☆   태그 #빌더 #파쿠르   관련 프로젝트 25

하나씩 따라하기

 시작 준비하기

[플레이어]-[다음 채팅명령어를 입력하면]을 가져와 '실행'을 입력하세요.

[게임플레이]-[게임 모드 변경]을 가져와 대상을 '자기 자신'으로 바꾸세요.

[고급]-[빌더]-[빌더 텔레포트]를 가져오세요.

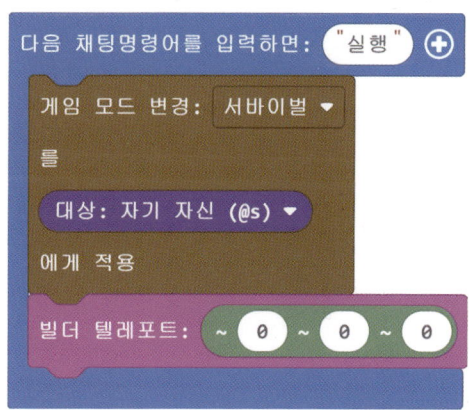

계단 만들기

[반복]-[반복 실행]을 가져온 뒤 반복 횟수를 '20'으로 바꾸세요.

[고급]-[빌더]-[빌더 위치마크 생성]을 가져오세요.

[고급]-[빌더]-[빌더 이동 앞으로 위로 왼쪽으로]를 가져오세요.

[고급]-[빌더]-[빌더 위치마크부터 라인 만들기]를 가져와 블록을 '황금블록'으로 바꾸세요.

> **TIP** 빌더가 위치마크를 생성한 곳부터 이동한 곳까지 황금블록으로 라인을 만들어요.

[고급]-[빌더]-[블록 놓기]를 [반복 실행] 밖으로 가져온 뒤 블록을 '에메랄드블록'으로 바꾸세요.

> **TIP** 마지막 에메랄드 블록을 놓은 곳이 도착점이에요.

계단 모양을 무작위로 바꾸기

[변수]-[변수 만들기]를 눌러 변수 '방향', '칸수'를 약속하세요.

[변수]-[변수에 저장]을 두 번 가져와 [반복 실행] 아래 넣고 변수를 각각 '방향'와 '칸수'로 바꾸세요.

[계산]-[정수 랜덤값]을 두 번 가져와 각각 변수 '방향', '칸수'에 넣고 다음과 같이 값을 입력하세요.

> **TIP** 변수 '방향'은 왼쪽(1), 앞(0), 오른쪽(-1)을 의미하고 변수 '칸수'는 놓을 블록의 개수를 결정해요.

[계산]-[곱하기], [변수]-[칸수], [방향]을 가져와 다음과 같이 [빌더 이동 앞으로 위로 왼쪽으로]에 넣으세요.

> **TIP** (방향 X 칸수) 곱셈식에서 변수 '방향'이 -1일 때는 '칸수'에 -을 붙인다고 이해하면 쉬워요.

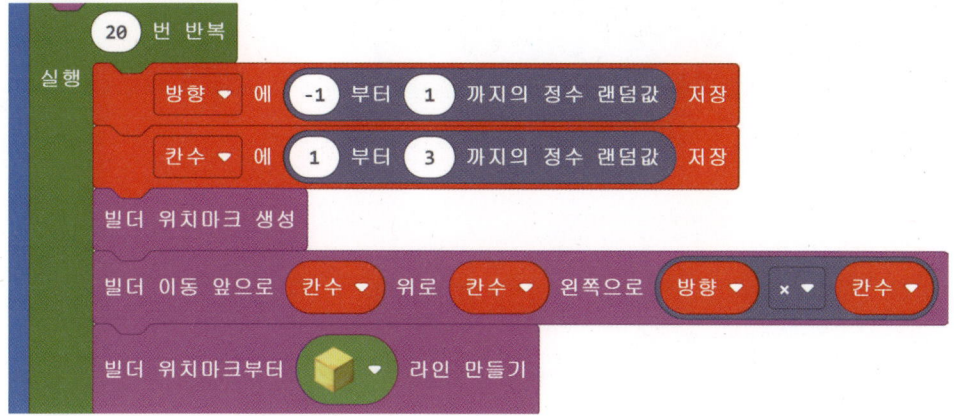

타이머 만들기

[반복]-[거짓인 동안 실행]을 가져오세요.

[논리]-[아님]를 가져와 [거짓인 동안 실행]의 조건식에 넣으세요.

[블록]-[블록 탐지]를 가져온 뒤 블록은 '에메랄드블록', y좌푯값은 '-1'로 바꾸세요.

> **TIP** 플레이어 아래에 에메랄드블록이 없다면 계속 반복해요.

[반복]-[일시중지]를 가져와 넣고 '1000'으로 바꾸세요.

[변수]-[변수 값 증가]를 가져온 뒤 변수 '시간'을 선택하세요.

[플레이어]-[채팅창에 말하기]를 가져오세요.

[고급]-[문자열]-[연결]을 가져와 채팅 내용에 넣으세요.

[변수]-[변수 시간]을 가져와 문자열에 넣고 내용을 입력하세요.

> **TIP** 1초마다 변수 '시간'이 1 증가하고 채팅창에 보여줘요.

[게임플레이]-[메시지 보여주기]를 가져온 뒤 대상은 '자기 자신'으로 바꾸고 다음과 같이 내용을 입력하세요.

> **TIP** 플레이어가 에메랄드블록 위에 위치하면 반복이 끝나고 메시지를 보여줘요.

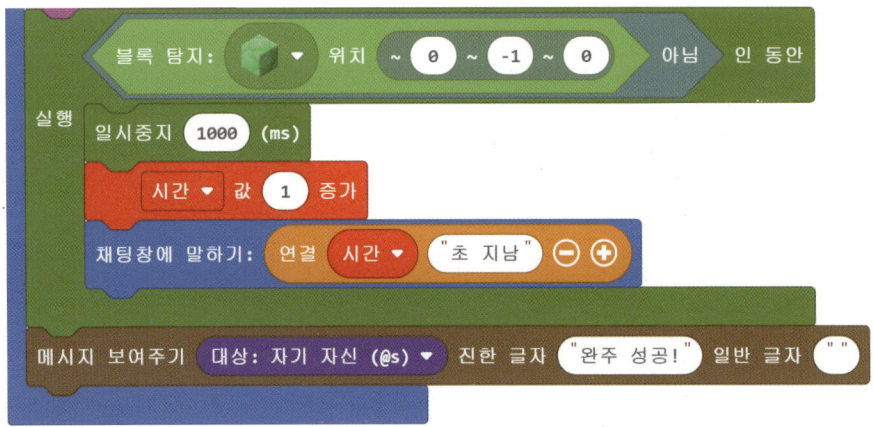

> **알아두기** 조건을 만족시키는 동안 반복하기
>
> 반복문에 있는 조건식으로 반복 횟수를 조절할 수 있어요. 만약 조건식이 참이면 무한 반복 실행하게 되고 거짓이면 실행하지 않게 되겠죠.

실행하기

플레이어가 바닥에 위치한 뒤 채팅명령어 '실행'을 입력하세요.

채팅창에 나오는 시간을 확인하며 최대한 빨리 도착점까지 이동하세요.

> **TIP** 완주 성공 메시지가 나왔을 때 멈춘 시간이 자신의 기록이에요.

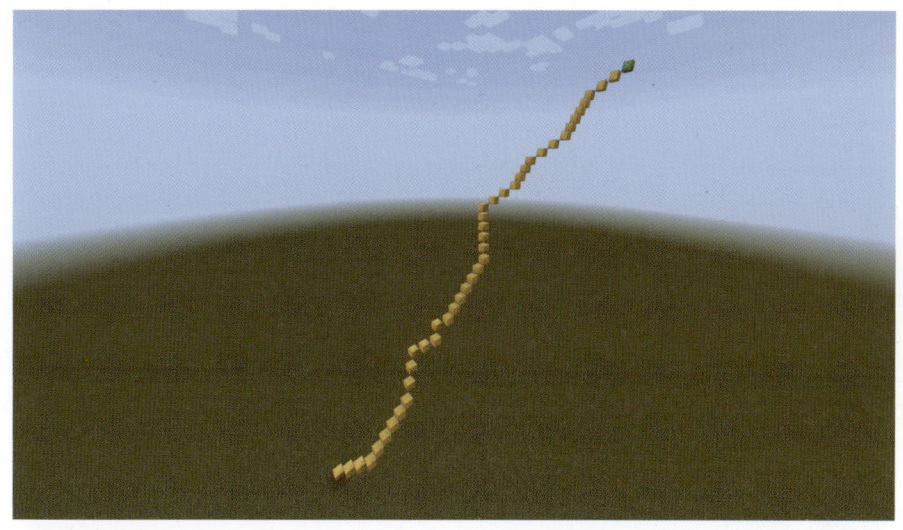

기본 35 지그재그 계단 스피드런

완성 코드 보기

다음 채팅명령어를 입력하면: "실행"

게임 모드 변경: 서바이벌 를 대상: 자기 자신 (@s) 에게 적용

빌더 텔레포트: ~ 0 ~ 0 ~ 0

20 번 반복 실행
- 방향 에 -1 부터 1 까지의 정수 랜덤값 저장
- 칸수 에 1 부터 3 까지의 정수 랜덤값 저장
- 빌더 위치마크 생성
- 빌더 이동 앞으로 칸수 위로 칸수 왼쪽으로 방향 x 칸수
- 빌더 위치마크부터 🟨 라인 만들기

블록 놓기 🟩

블록 탐지: 🟩 위치 ~ 0 ~ -1 ~ 0 아님 인 동안 실행
- 일시중지 1000 (ms)
- 시간 값 1 증가
- 채팅창에 말하기: 연결 시간 "초 지남"

메시지 보여주기 대상: 자기 자신 (@s) 진한 글자 "완주 성공!" 일반 글자 ""

36 : 위험을 미리 알려주는 몬스터 탐지기

마인크래프트 월드를 탐험하다 보면 생존을 위협하는 적들과 마주칩니다. 몬스터 숫자가 많다면 다른 길로 피해가도 좋아요. 스코어보드 명령어를 활용해서 주변의 몬스터 숫자를 알려주는 탐지기를 만들어 볼게요.

프로젝트 정보

난이도 ★★★★★   태그 #명령어 #생존   관련 프로젝트 13, 16

하나씩 따라하기

스코어보드 약속하기

[반복]-[시작하면]을 가져오세요.

[플레이어]-[다음 치트키 실행]을 가져온 뒤 다음과 같이 명령어를 입력하세요.

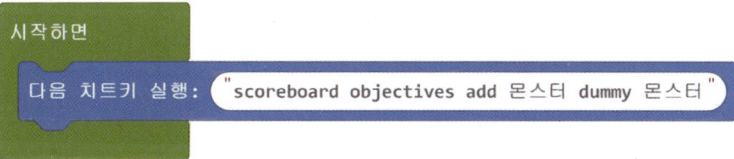

> **TIP** 보이는 목표 이름과 약속한 목표 이름 모두 '몬스터'로 약속했어요. 스코어보드 명령어가 어렵다면 〈16. 사냥 점수표 만들기〉 프로젝트를 참고하세요.

2 목표 '몬스터' 처음 값 정하기

[플레이어]-[플레이어가 걷고 있으면 실행]을 가져오세요.

[플레이어]-[다음 치트키 실행]을 가져온 뒤 다음과 같이 명령어를 입력하세요.

```
플레이어가  걷고 ▼  있으면 실행
다음 치트키 실행:  "scoreboard players set @a 몬스터 0"
```

걸을 때마다 몬스터를 처음부터 세기 때문에 처음 시작은 0이에요.

 ## 대상으로 몬스터 선택하기

[변수]-[변수 만들기]를 눌러 변수 '몬스터'를 약속하세요.

[변수]-[변수에 저장]을 가져오세요.

[몹]-[대상]을 가져와 변수 '몬스터'에 넣고 대상은 '모든 엔티티(@e)'로 바꾸세요.

[플레이어]-[플레이어 절대좌표]를 가져와 대상 좌표에 넣고 반경은 '20'으로 바꾸세요.

[몹]-[selector에게 다음 규칙 추가]를 가져온 뒤 'selector'를 '몬스터'로 바꾸고 다음과 같이 규칙을 추가하세요.

> **TIP** 플레이어 위치로부터 반경 20칸 내의 모든 몬스터가 변수 '몬스터'에 저장돼요.

```
몬스터 ▼ 에  다음 대상에서  플레이어 절대좌표  저장
           대상: 모든 엔티티 (@e) ▼
           다음 반경 내에 있는  20

몬스터 ▼ 에게 다음 규칙 추가:  "family"  다음에 적용한 규칙과 같은  "monster"
```

 ## 목표 '몬스터' 숫자 세기

[몹]-[상대에게 명령 실행하게 하기]를 가져온 뒤 [변수]-[몬스터]를 가져와 대상에 넣으세요.

실행할 명령에 다음과 같이 명령어를 입력하세요.

> **TIP** 대상으로 선택된 몬스터가 목표 '몬스터'를 1 증가시켜요. 모든 대상이 한 번씩 실행하므로 몬스터의 숫자가 목표 '몬스터'의 값이 돼요.

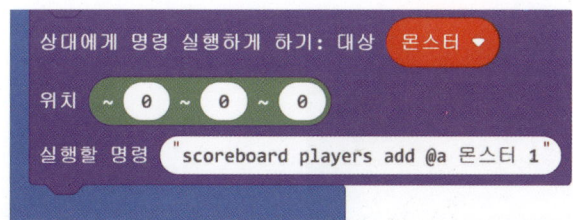

 액션바에 표시하기

[플레이어]-[다음 치트키 실행]을 가져온 뒤 다음과 같이 명령어를 입력하세요.

```
titleraw @s actionbar {"rawtext":[{"text":"감지된 몬스터: "},{"score":{"name":"*","objective":"몬스터"}},{"text":" 마리"}]}
```

TIP 만약 몬스터가 10마리면 화면 하단에 '감지된 몬스터: 10 마리'라고 나타나요.

다음 치트키 실행: `titleraw @s actionbar {"rawtext":[{"text":"감지된 몬스터: "},{"score":{"name":"*","objective":"몬스터"}},{"text":" 마리"}]}`

알아두기 메시지를 화면에 표시하는 /titleraw

/titleraw 〈보여줄 대상@〉 〈보여줄 위치〉 〈텍스트 정보〉

명령어 /titleraw는 스코어보드의 목표를 가져와 텍스트로 표시할 수 있어서 바뀌는 목푯값을 반영해서 보여줄 수 있어요.

 실행하기

게임으로 돌아가 몬스터 근처로 이동해 보세요.

화면 하단 액션바에서 몬스터 숫자를 확인하세요.

TIP 플레이어가 걸을 때 실행이 되기 때문에 다른 동작을 할 때는 감지하지 않아요.

완성 코드 보기

```
시작하면
다음 치트키 실행: "scoreboard objectives add 몬스터 dummy 몬스터"
```

```
플레이어가 걷고 있으면 실행
    다음 치트키 실행: "scoreboard players set @a 몬스터 0"
    몬스터 에 대상: 모든 엔티티 (@e)
            다음 대상에서 플레이어 절대좌표 저장
            다음 반경 내에 있는 20
    몬스터 에게 다음 규칙 추가: "family" 다음에 적용한 규칙과 같은 "monster"
    상대에게 명령 실행하게 하기: 대상 몬스터
    위치 ~ 0 ~ 0 ~ 0
    실행할 명령 "scoreboard players add @a 몬스터 1"
    다음 치트키 실행: "titleraw @s actionbar {"rawtext":[{"text":"감지된 몬스터: "},{"score":{"name":"*","objective":"몬스터"}},{"text":" 마리"}]}"
```

37: 점과 점을 이어 도형 만들기

블록 하나를 시작점, 또 하나를 끝점으로 해서 이은 선을 만들어요. 그리고 다시 이 선들을 이어 도형을 만들어 보세요. 플레이어가 들고 있는 아이템이 블록을 그리는 붓이 될 수 있어요.

프로젝트 정보

난이도 ★★★★★   태그 #블록 #건축   관련 프로젝트 20, 26, 37

하나씩 따라하기

변수 약속하기

[반복]-[시작하면]을 가져오세요.

[변수]-[변수 만들기]를 눌러 변수 '준비'를 약속하세요.

[변수]-[변수에 저장]을 가져오세요.

[논리]-[참(true)]을 가져와 변수 '준비'에 넣으세요.

> **TIP**
> 변수 '준비'는 시작점과 끝점을 구분하는 역할을 해요.

두 가지 경우 만들기

[플레이어]-[만약 아이템 사용하면]을 가져오세요.

[논리]-[만약 참 이면 아니면]을 가져오세요.

[변수]-[준비]를 가져와 [만약 참 이면 아니면]의 조건식에 넣으세요.

> 변수 '준비'가 참일 때는 시작점을 정하고 거짓일 때는 끝점을 정한 뒤 선을 만들어요.

시작점 정하기

[변수]-[변수 만들기]를 눌러 변수 '시작점'을 약속하세요.

[변수]-[변수에 저장]을 가져온 뒤 변수 '시작점'으로 바꾸세요.

[위치]-[좌표 더하기]를 가져와 변수 '시작점'에 넣으세요.

[플레이어]에서 [플레이어 절대좌표]를 가져와 첫 번째 좌푯값에 넣고 y좌푯값에 '-1'을 입력하세요.

> 시작점은 플레이어 위치 아래 1칸으로 정해요.

[변수]-[변수에 저장]을 가져온 뒤 변수 '준비'로 바꾸세요.

[논리]-[거짓(false)]을 가져와 변수 '준비'에 넣으세요.

> 변수 '준비'를 거짓으로 바꿔 끝점을 정하도록 해요.

끝점 정하기

[변수]-[변수 만들기]를 눌러 변수 '끝점'을 약속하세요.

[변수]-[변수에 저장]을 가져온 뒤 변수 '끝점'으로 바꾸세요.

[위치]-[좌표 더하기]를 가져와 변수 '끝점'에 넣으세요.

[플레이어]에서 [플레이어 절대좌표]를 가져와 첫 번째 좌푯값에 넣고 y좌푯값에 '-1'을 입력하세요.

[고급]-[모양]-[선 모양 만들기]를 가져온 뒤 블록을 원하는 색깔의 블록으로 바꾸세요.

[변수]-[시작점], [끝점]을 가져와 각각 [선 모양 만들기]의 시작과 끝에 넣으세요.

> **TIP** 시작점과 끝점을 잇는 선 모양을 만들어요.

[변수]-[변수에 저장]을 가져온 뒤 변수 '준비'로 바꾸세요.

[논리]-[참(true)]을 가져와 변수 '준비'에 넣으세요.

> **TIP** 다시 시작점을 저장하기 위해 변수 '준비'를 참으로 저장해요.

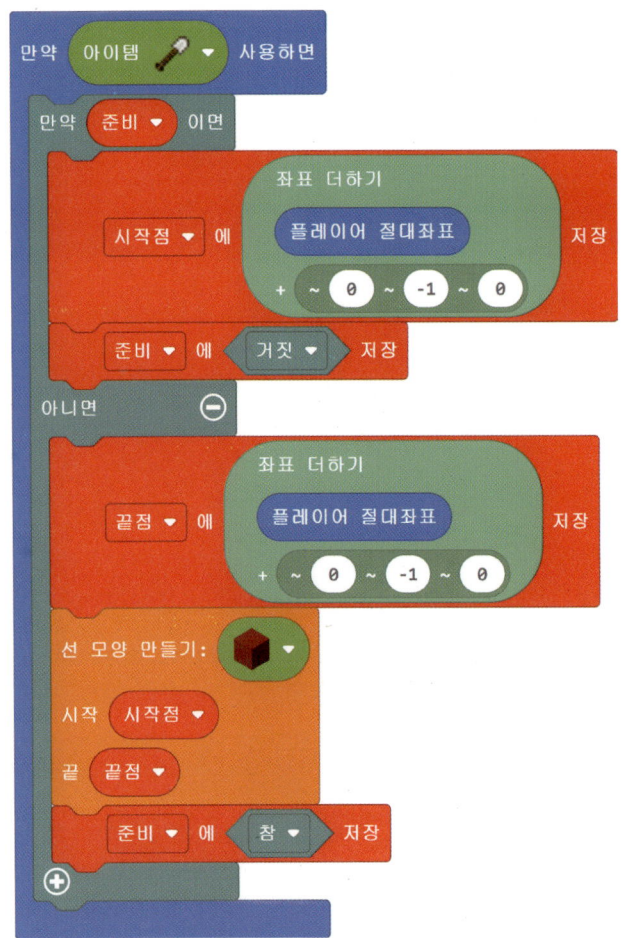

5 실행하기

철제 삽 을 꺼내 손에 들고 시작점이 될 곳에서 마우스 오른쪽 클릭하세요.

끝점이 될 곳으로 이동한 뒤 다시 마우스 오른쪽 클릭하세요.

시작점과 끝점을 잇는 선이 만들어지는 것을 확인하세요.

> **TIP**
> 위 동작을 반복하며 새로운 도형을 만들어보세요.

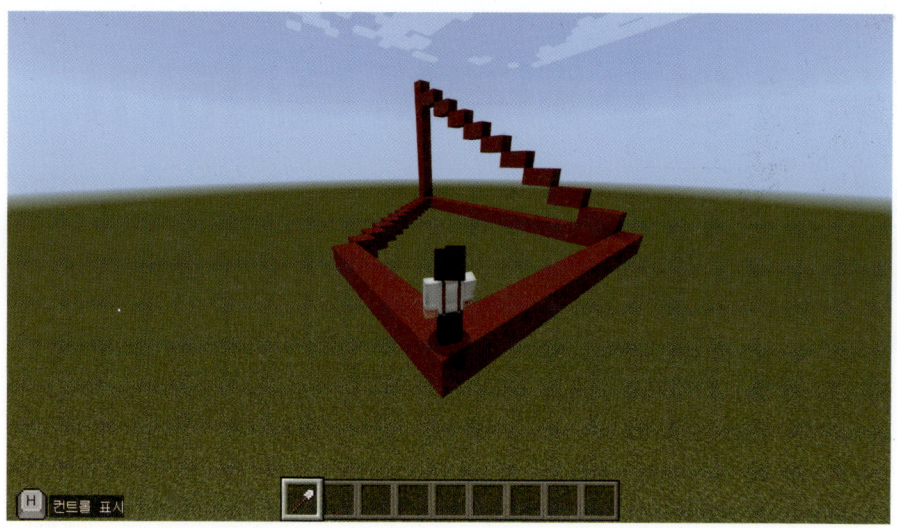

완성 코드 보기

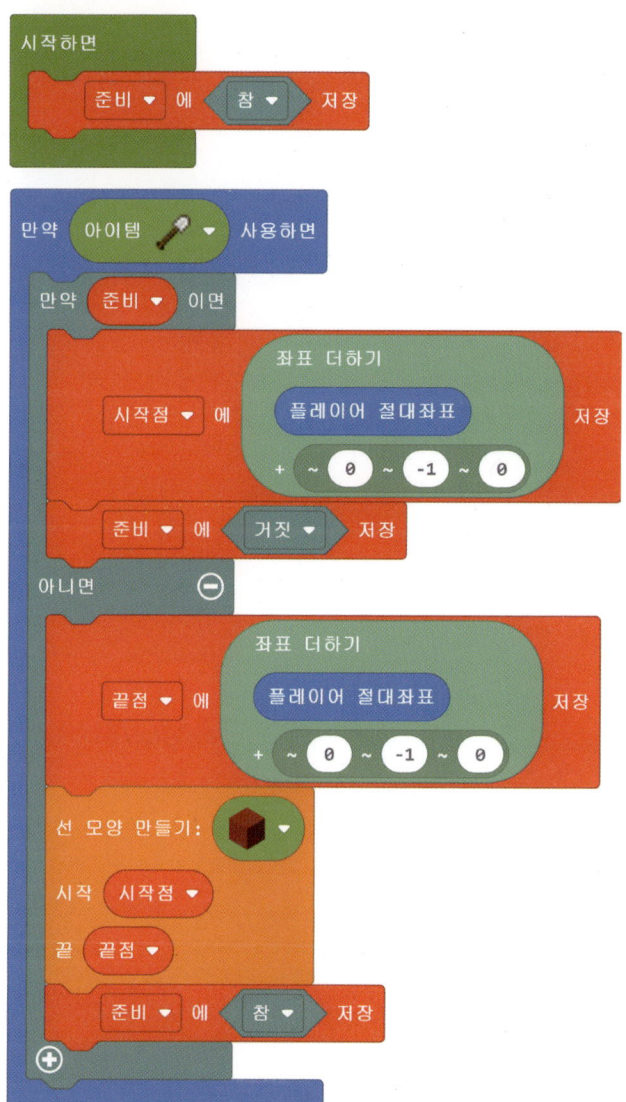

기본 37 점과 점을 이어 도형 만들기

38 : 건축물 쉽고 빠르게 복사하기

마인크래프트 건축은 흥미롭고 창의적인 활동이지만 비슷한 건축물을 만드는 반복된 작업은 힘들어요. 여러 개의 집이 있는 마을을 만들고 싶다면 어떻게 할까요? 코딩으로 건축물을 복사해서 쉽게 완성해 볼게요.

프로젝트 정보

난이도 ★★★★★　　　태그 #블록 #건축　　　관련 프로젝트 37

하나씩 따라하기

1 배열 약속하기

[반복]-[시작하면]을 가져오세요.

[변수]-[변수 만들기]를 눌러 변수 '위치'를 약속하세요.

[변수]-[변수에 저장]을 가져오세요.

[고급]-[배열]-[빈 배열]을 가져와 변수 '위치'에 넣으세요.

> **TIP** 시작점과 끝점 좌표를 저장할 배열 '위치'를 약속해요.

세 가지 경우 만들기

[만약 참 이면]을 가져온 뒤 명령블록 아래 을 두 번 눌러 두 가지 경우를 추가하세요.

[논리]-[비교 연산]을 두 번 가져와 각 조건식에 넣으세요.

[고급]-[배열]-[리스트의 길이]를 두 번 가져와 조건식 앞에 넣고 '리스트'를 '위치'로 바꾸어 다음과 같이 조건식을 작성하세요.

> **TIP** 시작 위치를 저장, 끝 위치를 저장, 복사 실행하기, 이렇게 세 가지 경우예요.

시작 위치, 끝 위치 저장하기

[고급]-[배열]-[list의 마지막 위치에 추가]를 가져온 뒤 'list'를 '위치'로 바꾸세요.

[플레이어]에서 [플레이어 절대좌표]를 가져와 배열에 넣으세요.

[플레이어]-[채팅창에 말하기]를 가져온 뒤 시작 위치 저장을 알리는 메시지를 입력하세요.

같은 방법으로 [만약 참 이면 아니면] 아래의 코드를 다음과 같이 작성하세요.

> **TIP** 배열 '위치'에 아무것도 없으면(길이=0) 시작 위치를 저장하고 배열 '위치'에 시작 위치가 저장되어 있으면 (길이=1) 끝 위치를 저장해요.

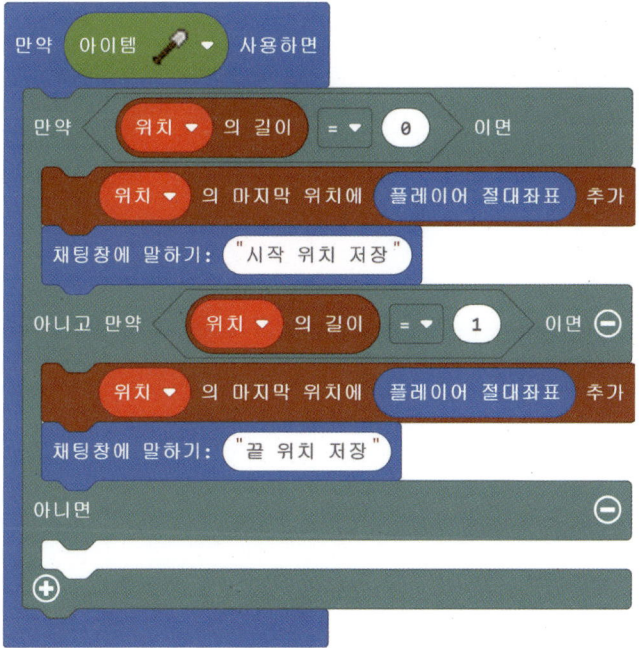

 ## 복사하기

[블록]-[블록 복사하기]를 가져와 [아니면]에 넣으세요.

[고급]-[배열]-[리스트에서 0번째 위치의 값]을 두 번 가져와 각 좌푯값에 넣고 시작은 '0', 끝은 '1'로 입력하세요.

[플레이어]에서 [플레이어 절대좌표]를 가져와 목적지 좌푯값에 넣으세요.

앞서 작성한 [위치에 빈 배열 저장]을 마우스 오른쪽 클릭한 뒤 복사하여 가져오세요.

[플레이어]-[채팅창에 말하기]를 가져온 뒤 복사 실행을 알리는 메시지를 입력하세요.

> **TIP** 배열 '위치'에 저장된 좌표를 가져와 플레이어 위치에 복사를 하고, 다음 복사를 위해 배열 '위치'에 저장된 값은 없애요.

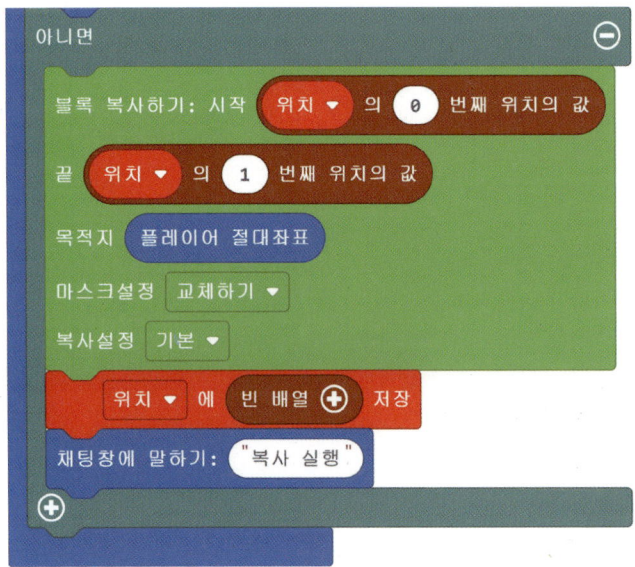

 실행하기

철제 삽 을 꺼내 손에 들고 복사할 건축물의 시작 위치에서 마우스 오른쪽 클릭하세요.

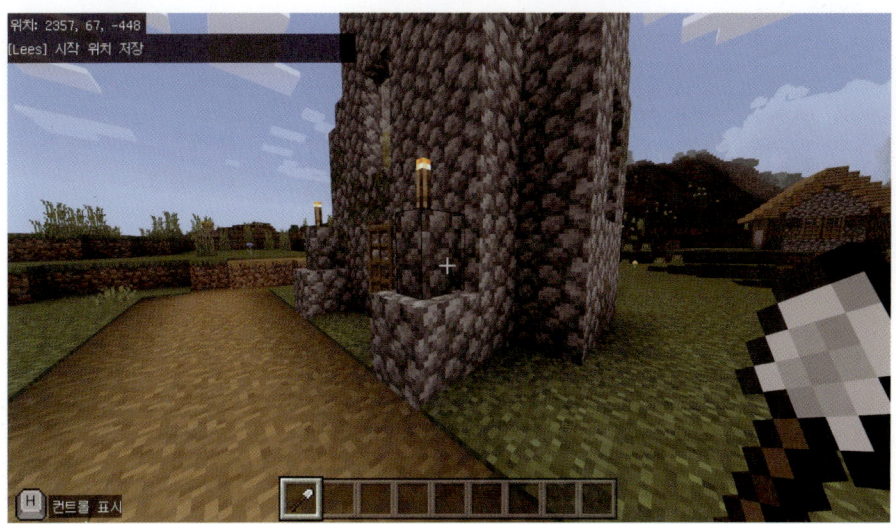

건축물을 다 포함할 수 있는 끝 위치로 이동한 뒤 마우스 오른쪽 클릭하세요.

복사하고자 하는 위치로 이동하여 마우스 오른쪽 클릭하세요.

> **TIP** 복사할 블록 영역과 목적지의 블록 영역이 겹친다면 복사가 실행되지 않으니 충분한 거리를 두고 해 보세요.

완성 코드 보기

시작하면
위치 ▼ 에 빈 배열 ⊕ 저장

만약 아이템 🗡 ▼ 사용하면
　만약 〈 위치 ▼ 의 길이 = ▼ 0 〉 이면
　　위치 ▼ 의 마지막 위치에 플레이어 절대좌표 추가
　　채팅창에 말하기: "시작 위치 저장"
　아니고 만약 〈 위치 ▼ 의 길이 = ▼ 1 〉 이면 ⊖
　　위치 ▼ 의 마지막 위치에 플레이어 절대좌표 추가
　　채팅창에 말하기: "끝 위치 저장"
　아니면 ⊖
　　블록 복사하기: 시작 위치 ▼ 의 0 번째 위치의 값
　　끝 위치 ▼ 의 1 번째 위치의 값
　　목적지 플레이어 절대좌표
　　마스크설정 교체하기 ▼
　　복사설정 기본 ▼
　　위치 ▼ 에 빈 배열 ⊕ 저장
　　채팅창에 말하기: "복사 실행"
　⊕

39 : 동굴을 찾고 길을 만드는 에이전트

동굴은 몬스터가 출현하는 위험한 곳이지만 동시에 많은 광물들을 발견할 수 있기 때문에 반가운 곳이기도 해요. 플레이어 대신 에이전트가 동굴을 찾고 플레이어가 안전하게 이동할 수 있도록 길도 만들어 볼게요.

프로젝트 정보

난이도 ★★★★★　　　태그 #에이전트 #탐험　　　관련 프로젝트 21

하나씩 따라하기

① 에이전트 준비하기

[플레이어]-[다음 채팅명령어를 입력하면]을 가져와 '실행'으로 바꾸세요.

[에이전트]-[에이전트가 이동한 곳에 블록 놓기]를 가져온 뒤 '장애물을 파괴하기', '켜기'로 바꾸세요.

[몹]-[텔레포트 목적지]를 가져와 대상을 '내 에이전트'로 바꾸세요.

[위치]-[정사영 위치]를 가져와 목적지에 넣으세요.

[에이전트]-[에이전트 위치]를 가져와 정사영 위치에 넣으세요.

> **TIP** 에이전트가 만약 하늘에 떠 있더라도 바닥으로 텔레포트해요.

[변수]-[변수 만들기]를 눌러 변수 '깊이'를 약속하세요.

[변수]-[변수에 저장]을 가져오세요.

> **TIP** 변수 '깊이'는 에이전트의 현재 위치에서 빈 공간을 발견하는 곳까지 거리예요.

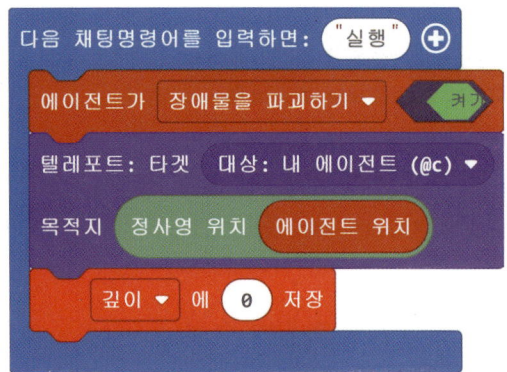

> **알아두기** 처음 닿는 바닥의 좌표, 정사영 위치

하늘에 있는 에이전트를 어떻게 바닥으로 이동시킬까요? [정사영 위치]를 사용하면 에이전트가 아래로 내려갔을 때 처음 닿는 바닥의 y좌표를 알 수 있어요.

탐색 반복하기

[반복]-[반복 실행]을 가져온 뒤 반복 횟수를 50으로 바꾸세요.

[변수]-[변수 값 증가]를 가져오세요.

[플레이어]-[채팅창에 말하기]를 가져온 뒤 탐색 중이라는 메시지를 입력하세요.

> **TIP** 에이전트는 바닥에서부터 아래로 50칸까지 빈 공간을 찾을 거예요.

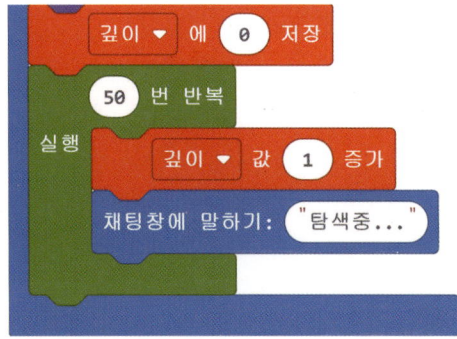

동굴 찾고 이동하기

[논리]-[만약 참 이면]을 가져오세요.

[블록]-[블록 탐지]를 가져온 뒤 블록은 '공기'로 바꾸세요.

[위치]-[좌표 더하기]를 가져와 위치에 넣으세요.

[에이전트]-[에이전트 위치]를 가져와 첫 번째 좌푯값에 넣으세요.

[변수]-[깊이], [계산]-[곱하기]를 가져와 다음과 같이 두 번째 좌푯값을 입력하세요.

> **TIP** 변수 '깊이'에 -1을 곱하는 것은 y좌표에 -를 붙인다는 뜻이에요.

[에이전트]-[에이전트가 이동 방향 거리]를 가져온 뒤 방향을 '아래로' 바꾸고 [깊이]를 가져와 거리에 넣으세요.

[플레이어]-[채팅창에 말하기]를 가져오세요.

[고급]-[문자열]-[연결]을 가져와 채팅 내용에 넣으세요.

[변수]-[깊이]를 가져와 문자열에 넣고 다음과 같이 내용을 입력하세요.

> **TIP** 에이전트 아래에 빈 공간(공기블록)을 발견하면 그 깊이만큼 아래로 이동해요.

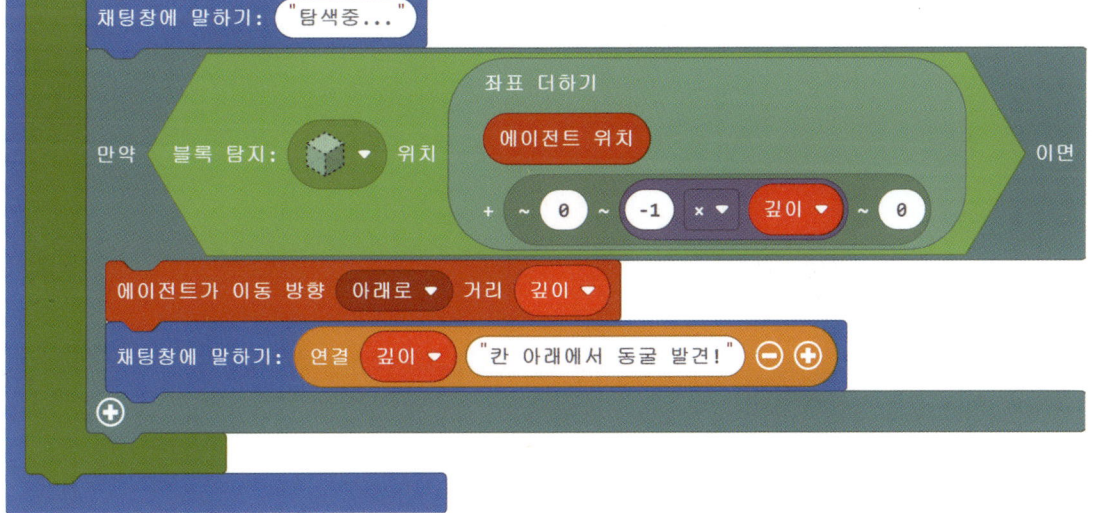

위로 올라오며 사다리 설치하기

[반복]-[반복 실행]을 가져온 뒤 [변수]-[깊이]를 가져와 반복 횟수에 넣으세요.

[에이전트]-[에이전트가 블록 또는 아이템 가져오기]를 가져온 뒤 블록을 '사다리'로 바꾸세요.

[에이전트]-[에이전트가 이동 방향 거리]를 가져온 뒤 방향을 '위로' 바꾸세요.

[에이전트]-[에이전트가 블록 놓기]를 가져온 뒤 방향을 '앞으로' 바꾸세요.

[반복]-[나가기]를 가져와 [반복 실행] 밖으로 가져오세요.

> **TIP** [나가기]는 반복 실행을 그만하고 다음 코드를 실행하는 것이에요. 따라서 공기블록을 발견하면 [반복 실행 50회]를 더 이상 반복하지 않아요.

다음 동굴 찾기

[에이전트]-[에이전트가 이동 방향 거리]를 가져온 뒤 방향은 '앞으로', 거리는 5로 바꾸세요.

[플레이어]-[다음 채팅명령어를 실행]을 가져와 '실행'으로 바꾸세요.

> **TIP** 에이전트가 5칸 앞으로 이동하고 다시 동굴을 찾도록 해요.

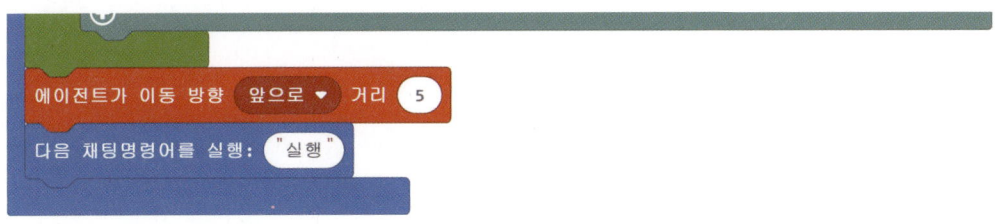

실행하기

에이전트를 위치시키고 채팅명령어 '실행'을 입력하세요.

만약 에이전트가 동굴을 발견하면 위치를 알려주고 사다리를 놓으며 올라와요.

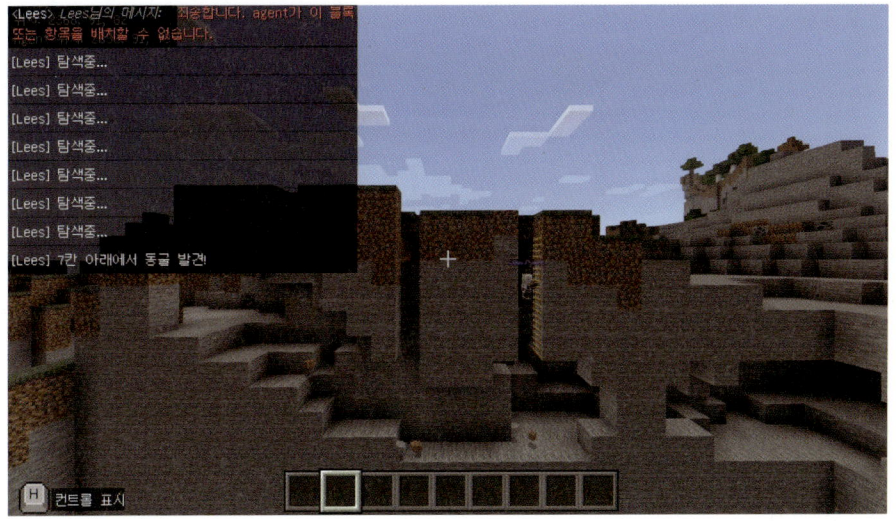

완성 코드 보기

다음 채팅명령어를 입력하면: "실행" ⊕
- 에이전트가 장애물을 파괴하기 ▼ 〈거짓〉
- 텔레포트: 타겟 대상: 내 에이전트 (@c) ▼
  - 목적지 〈정사영 위치 〈에이전트 위치〉〉
- 깊이 ▼ 에 0 저장
- 50 번 반복 실행
  - 깊이 ▼ 값 1 증가
  - 채팅창에 말하기: "탐색중..."
  - 만약 〈 블록 탐지: 🧊 ▼ 위치 〈좌표 더하기 〈에이전트 위치〉 + ~ 0 ~ -1 × ▼ 깊이 ▼ ~ 0 〉 〉 이면
    - 에이전트가 이동 방향 아래로 ▼ 거리 깊이 ▼
    - 채팅창에 말하기: 〈연결 깊이 ▼ "칸 아래에서 동굴 발견!"〉 ⊖ ⊕
    - 깊이 ▼ 번 반복 실행
      - 에이전트가 블록 또는 아이템 가져오기: 이름 🪜 ▼ 개수 1 슬롯 1
      - 에이전트가 이동 방향 위로 ▼ 거리 1
      - 에이전트가 블록놓기 앞으로 ▼
    - 나가기
  - ⊕
- 에이전트가 이동 방향 앞으로 ▼ 거리 5
- 다음 채팅명령어를 실행: "실행"

40 : 몹을 가두고 다시 소환하는 몬스터볼

포켓몬스터에 나오는 몬스터볼은 몬스터를 잡아 가둘 수 있고 필요하면 다시 꺼내 불러올 수도 있는 아이템이에요. 마인크래프트에서도 활용할 수 있는 몬스터볼을 다이아몬드 칼로 만들어 볼게요.

프로젝트 정보

난이도 ★★★★★　　　태그 #배열 #게임제작　　　관련 프로젝트 8

하나씩 따라하기

배열 약속하기

[반복]-[시작하면]을 가져오세요.

[변수]-[변수 만들기]를 눌러 변수 '몬스터볼'을 약속하세요.

[변수]-[변수에 저장]을 가져오세요.

[고급]-[배열]-[빈 배열]을 가져와 변수 '몬스터볼'에 넣으세요.

> **TIP**
> 배열 '몬스터볼'에 몹을 저장해요.

 몹 저장하기

[몹]-[몹이 죽었다면 실행]을 가져오세요.

[몹]-[몬스터]를 가져와 동물에 넣고 내가 원하는 몹으로 바꾸세요.

[고급]-[배열]-[list의 0번째 위치에 삽입]을 가져와 'list'를 '몬스터볼'로 바꾸세요.

[몹이 죽었다면 실행]의 [몬스터]를 마우스 오른쪽 클릭한 뒤 복사하여 배열에 넣으세요.

[플레이어]-[채팅창에 말하기]를 가져오세요.

[고급]-[문자열]-[연결]을 가져와 채팅 내용에 넣고 ⊕를 눌러 칸을 추가하세요.

[고급]-[배열]-[리스트의 길이]를 가져와 가운데 문자열에 넣고 '리스트'를 '몬스터볼'로 바꾸세요.

[연결]에 추가된 몹 내용을 다음과 같이 입력하세요.

> **TIP** 플레이어가 잡은 몹이 배열 '몬스터볼'에 저장돼요.

앞서 작성한 [몹이 죽었다면 실행]을 마우스 오른쪽 클릭한 뒤 복사하여 다음과 같이 새로운 몹에 대한 코드를 작성하세요.

몬스터 볼 만들기

[플레이어]-[만약 아이템 사용하면]을 가져온 뒤 아이템을 '다이아몬드 검'으로 바꾸세요.

[논리]-[만약 참 이면 아니면]을 가져오세요.

[논리]-[비교 연산]을 가져와 조건식에 넣으세요.

[고급]-[배열]-[리스트의 길이]를 가져와 [비교 연산]에 넣고 '리스트'를 '몬스터볼'로 바꾸세요.

[플레이어]-[채팅창에 말하기]를 가져온 뒤 몬스터가 없음을 알리는 메시지를 입력하세요.

> **TIP** 아이템을 사용했을 때 저장된 몹이 없다면(배열 '몬스터볼'의 길이가 0이라면) 소환할 몬스터가 없다고 알려줘요.

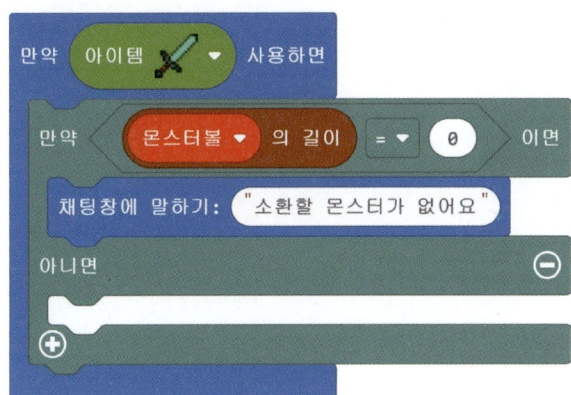

몬스터 볼로 소환하기

[몹]-[소환 동물을 위치]를 가져오세요.

[고급]-[배열]-[list의 마지막 번째 위치의 값 잘라내기]를 가져와 동물에 넣고 'list'를 '몬스터볼'로 바꾸세요.

[위치]-[^0 ^0 ^0]을 가져와 [소환 동물을 위치]의 좌푯값에 넣고 다음과 같이 좌푯값을 입력하세요.

앞서 작성한 [채팅창에 말하기]를 마우스 오른쪽 클릭한 뒤 복사하여 가져와 다음과 같이 내용을 바꾸어 적으세요.

> **TIP** 배열 '몬스터볼'에 저장된 몹을 나중에 잡은 몬스터부터 차례로 소환해요.

> **알아두기** 배열에서 값을 가져오는 방법 두 가지
>
> [list의 마지막 번째 위치의 값 잘라내기]와 [list의 첫 번째 위치에서 잘라낸 값]은 값을 가져온 뒤에 배열에서 지워 버려요. 하지만 [리스트에서 0번째 위치의 값]과 [list에서 임의의 값을 가져옵니다]는 값을 가져와도 배열에 그 값은 그대로 있어요.

실행하기

코드에서 정한 몹을 공격하여 몬스터 볼에 몹을 저장하세요.

다이아몬드 검을 손에 들고 소환하고 싶은 곳을 바라본 뒤 마우스 오른쪽 클릭하세요.

저장된 몹이 다 나올 때까지 소환해 보세요.

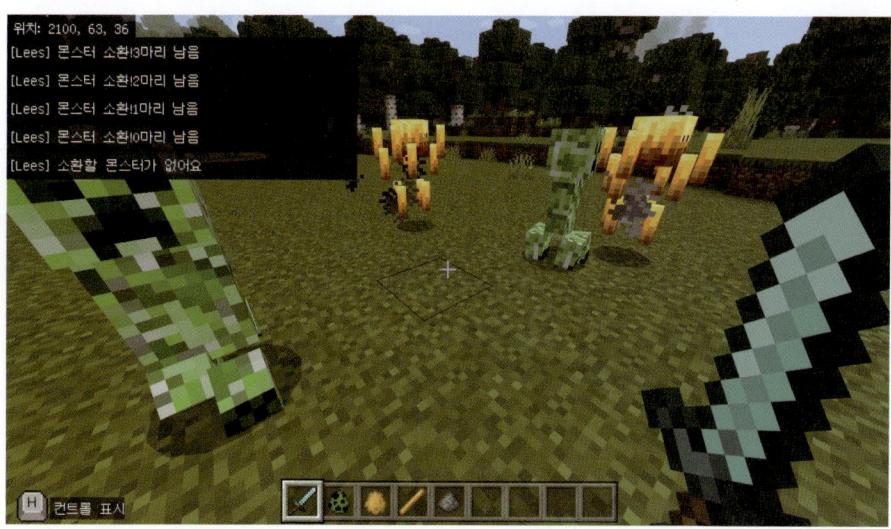

완성 코드 보기

시작하면
└ 몬스터볼 ▼ 에 빈 배열 ⊕ 저장

몹 몬스터 🐞 ▼ 이 죽었다면 실행
└ 몬스터볼 ▼ 의 0 번째 위치에 몬스터 🐞 ▼ 삽입
└ 채팅창에 말하기: 연결 "크리퍼 추가!" 몬스터볼 ▼ 의 길이 "마리 저장됨" ⊖ ⊕

몹 몬스터 🟡 ▼ 이 죽었다면 실행
└ 몬스터볼 ▼ 의 0 번째 위치에 몬스터 🟡 ▼ 삽입
└ 채팅창에 말하기: 연결 "블레이즈 추가!" 몬스터볼 ▼ 의 길이 "마리 저장됨" ⊖ ⊕

만약 아이템 🗡 ▼ 사용하면
└ 만약 몬스터볼 ▼ 의 길이 = ▼ 0 이면
   └ 채팅창에 말하기: "소환할 몬스터가 없어요"
└ 아니면
   └ 소환 몬스터볼 ▼ 에서 마지막 번째 위치의 값 잘라내기 를 위치 ^ 0 ^ 1 ^ 3
   └ 채팅창에 말하기: 연결 "몬스터 소환!" 몬스터볼 ▼ 의 길이 "마리 남음" ⊖ ⊕

기본 40 몹을 가두고 다시 소환하는 몬스터볼 · **183**

찾아보기

/dialogue open	41
/effect	56
/gamemode	106
/give	27
/locate	55
/say	26
/setblock	120
/spawnpoint	106
/spreadplayers	66
/summon	22
/tell	120
/wb	22
index에 대한 반복	76
NPC	21
글자쓰기	151
나가기	176
레드스톤	49
마스크설정	131
마인크래프트 에듀케이션	8
명령어	17
명령블록	56
몇 번 반복	76
배열	37
변수	32
복사설정	131
블록 채우기	61
빌더	97
상대좌표	28
서바이벌 모드	14
스코어보드 명령어	68
아이템	37
약수	125
에이전트가 블록 탐지	146
에이전트가 블록을 검사	146
엔티티	53
재귀	46
절대좌표	32
정사영 위치	174
조건식	45
코드 작성기	18
크리에이티브 모드	14
토글	113

마인크래프트 에듀케이션 프로젝트 40

1판 1쇄 발행 2024년 8월 1일

저 자 | 스티브코딩
발 행 인 | 김길수
발 행 처 | (주)영진닷컴
주 소 | (우)08507 서울특별시 금천구 가산디지털 1로 128
STX-V 타워 4층 401호
등 록 | 2007. 4. 27. 제 16-4189호

©2024. (주)영진닷컴

ISBN | 978-89-314-7730-6

이 책에 실린 내용의 무단 전재 및 무단 복제를 금합니다.
파본이나 잘못된 도서는 구입하신 곳에서 교환해 드립니다.

YoungJin.com Y.
영진닷컴

마인크래프트 공식 가이드북

전 세계 수억 명의 사용자와 수많은 커뮤니티를 갖고 있는 마인크래프트는
재미뿐만 아니라 집중력과 창의력 등 교육적인 효과도 뛰어납니다.
게임 개발사인 Mojang에서 참여한 마인크래프트 공식 가이드북은
사용자들이 꼭 알아두어야 할 필수 정보들로 가득합니다.

초보자를 위한 핸드북 시리즈

마인크래프트
탐험 핸드북
96쪽 | 12,000원

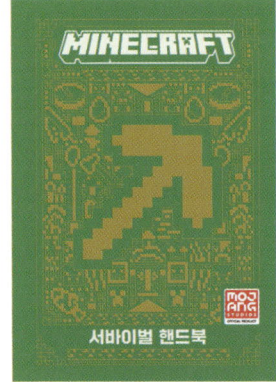

마인크래프트
서바이벌 핸드북
96쪽 | 12,000원

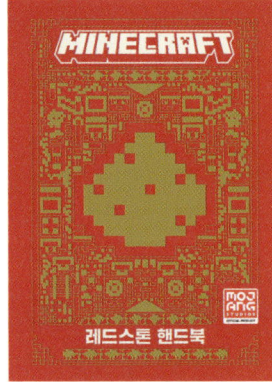

마인크래프트
레드스톤 핸드북
96쪽 | 12,000원

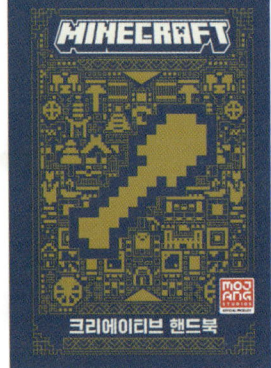

마인크래프트
탐험 핸드북
96쪽 | 12,000원

마인크래프트
탐험 핸드북
96쪽 | 12,000원

마인크래프트 건축의 모든 것

마인크래프트 건축가이드
미니 프로젝트
96쪽 | 12,000원

마인크래프트 건축가이드
미니 프로젝트 2
96쪽 | 12,000원

마인크래프트 건축가이드
미니 프로젝트 3
96쪽 | 12,000원

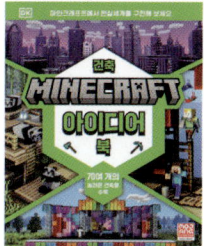
마인크래프트
건축 아이디어북
200쪽 | 25,000원

마인크래프트
멋진 기지 만들기
96쪽 | 15,000원

마인크래프트 특별판

마인크래프트
초보자 가이드 NEW EDITION
96쪽 | 15,000원

마인크래프트
몹 완벽 가이드
176쪽 | 18,000원

마인크래프트
지도
80쪽 | 18,000원

마인크래프트
놀라운 발명품 만들기
96쪽 | 16,000원

마인크래프트
레전드 가이드
96쪽 | 12,000원